science

ZOUJIN KEPU DA KETANG

普及科学知识，拓宽阅读视野，激发探索精神，培养科学热情。

科学犯下的那些错

★ 包罗各种科普知识，汇集大量精美插图，为你展现一个生动有趣的科普世界，让你体会发现之旅是多么有趣，探索之旅是多么神奇！

时代出版集团
北方妇女儿童出版社

图书在版编目(CIP)数据

科学犯下的那些错 / 李慕南,姜忠喆主编. —长春
: 北方妇女儿童出版社,2012.5(2021.4重印)
(青少年爱科学. 走进科普大课堂)
ISBN 978 - 7 - 5385 - 6319 - 1

Ⅰ.①科… Ⅱ.①李… ②姜… Ⅲ.①科学知识 – 青
年读物②科学知识 – 少年读物 Ⅳ.①Z228.2

中国版本图书馆 CIP 数据核字(2012)第 061968 号

科学犯下的那些错

出 版 人	李文学
主 编	李慕南 姜忠喆
责任编辑	赵 凯
装帧设计	王 萍
出版发行	北方妇女儿童出版社
地 址	长春市人民大街 4646 号 邮编 130021
	电话 0431 – 85662027
印 刷	北京海德伟业印务有限公司
开 本	690mm × 960mm 1/16
印 张	12
字 数	198 千字
版 次	2012 年 5 月第 1 版
印 次	2021 年 4 月第 2 次印刷
书 号	ISBN 978 - 7 - 5385 - 6319 - 1
定 价	27.80 元

版权所有 盗版必究

前　　言

科学是人类进步的第一推动力,而科学知识的普及则是实现这一推动力的必由之路。在新的时代,社会的进步、科技的发展、人们生活水平的不断提高,为我们青少年的科普教育提供了新的契机。抓住这个契机,大力普及科学知识,传播科学精神,提高青少年的科学素质,是我们全社会的重要课题。

一、丛书宗旨

普及科学知识,拓宽阅读视野,激发探索精神,培养科学热情。

科学教育,是提高青少年素质的重要因素,是现代教育的核心,这不仅能使青少年获得生活和未来所需的知识与技能,更重要的是能使青少年获得科学思想、科学精神、科学态度及科学方法的熏陶和培养。

科学教育,让广大青少年树立这样一个牢固的信念:科学总是在寻求、发现和了解世界的新现象,研究和掌握新规律,它是创造性的,它又是在不懈地追求真理,需要我们不断地努力奋斗。

在新的世纪,随着高科技领域新技术的不断发展,为我们的科普教育提供了一个广阔的天地。纵观人类文明史的发展,科学技术的每一次重大突破,都会引起生产力的深刻变革和人类社会的巨大进步。随着科学技术日益渗透于经济发展和社会生活的各个领域,成为推动现代社会发展的最活跃因素,并且成为现代社会进步的决定性力量。发达国家经济的增长点、现代化的战争、通讯传媒事业的日益发达,处处都体现出高科技的威力,同时也迅速地改变着人们的传统观念,使得人们对于科学知识充满了强烈渴求。

基于以上原因,我们组织编写了这套《青少年爱科学》。

《青少年爱科学》从不同视角,多侧面、多层次、全方位地介绍了科普各领域的基础知识,具有很强的系统性、知识性,能够启迪思考,增加知识和开阔视野,激发青少年读者关心世界和热爱科学,培养青少年的探索和创新精神,让青少年读者不仅能够看到科学研究的轨迹与前沿,更能激发青少年读者的科学热情。

二、本辑综述

《青少年爱科学》拟定分为多辑陆续分批推出,此为第三辑《走进科普大课

堂》,以"普及科学,领略科学"为立足点,共分为 10 册,分别为:

1.《时光奥秘》

2.《科学犯下的那些错》

3.《打出来的科学》

4.《不生病的秘密》

5.《千万别误解了科学》

6.《日常小事皆学问》

7.《神奇的发明》

8.《万物家史》

9.《一定要知道的科学常识》

10.《别小看了这些知识》

三、本书简介

本册《科学犯下的那些错》一书编入科学历史上几十个各领域有关失误以及违背科学研究初衷从而贻害人类的故事。在科学史上,失误与失败的例子不胜枚举,但"历史使人聪明",我们应该能从前人的失败和失误中得到启迪而有所收获,在逆境中百折不挠,勇往直前。本书的故事,意在引起人们的警觉,从而减少失误,减轻危害,使科学更好地为人类的生存与发展服务。这些故事内容翔实、史料丰富,展现出科技发明发现曲折、崎岖的道路,真善美与假恶丑泾渭分明,引人深思,给人启迪,能让人在顺境中保持清醒的头脑,在逆境中百折不挠,从而受益终生。

本套丛书将科学与知识结合起来,大到天文地理,小到生活琐事,都能告诉我们一个科学的道理,具有很强的可读性、启发性和知识性,是我们广大读者了解科技、增长知识、开阔视野、提高素质、激发探索和启迪智慧的良好科普读物,也是各级图书馆珍藏的最佳版本。

本丛书编纂出版,得到许多领导同志和前辈的关怀支持。同时,我们在编写过程中还程度不同地参阅吸收了有关方面提供的资料。在此,谨向所有关心和支持本书出版的领导、同志一并表示谢意。

由于时间短、经验少,本书在编写等方面可能有不足和错误,衷心希望各界读者批评指正。

本书编委会

2012 年 4 月

目　　录

绝缘体也会导电

1975 年，美国费城（它的全称是费拉德尔非亚）宾夕法尼亚大学的艾伦·马克迪亚米德（1927～）教授，到日本访问。当这位出生在新西兰的化学家参观东京技术学院（一译东京理工学院）的时候，在一个实验室的角落里看见一种奇异的薄膜——样子像塑料，但又闪着金属的银光。于是，他好奇地询问："那是什么？""废品"。陪同的白川英树（1936～）教授不以为然地回答。

日本筑波大学化学家白川英树接着介绍，这是一个朝鲜留学生在做高分子聚合黑色聚乙炔薄膜实验的时候，由于没听清要求，弄错了配方，误加入了成千倍的催化剂，才产生出这种莫名其妙的废品。白川之所以把它在实验室角落里展示了 5 年，是作为不按导师实验要求而发生事故的"物证"。

马克迪亚米德面对着这件废品思索片刻以后，毅然停止了参观，坚持要求面见出事故的朝鲜留学生。他详细询问了实验的全过程和配料的比例等，

白川英树

艾伦·黑格

在得知这有机银光薄膜还具有一些导电性能的时候，一个灵感的火花迸发出来——能不能发明一种能导电的塑料呢？

艾伦·马克迪尔米德

这是一个有悖常理的大胆设想。自从 1868 年发明第一种塑料——赛璐珞以来，形形色色的塑料都是绝缘体，这已是"铁板钉钉"的事实。

但是，马克迪亚米德却独具慧眼，当即邀请白川到宾夕法尼亚大学共同研究。原来，他和另一位当时在宾夕法尼亚大学任教的美国加利福尼亚大学物理学家艾伦·黑格（1936~　），也在合作研究无机聚合物的金属薄膜。

在宾夕法尼亚大学的实验室里，他们用先进的设备进行了大量掺杂研究试验——白川知道掺杂后材料的性质会发生巨大的改变，并且利用精密电脑记录分析。在经过无数次失败之后，当有一次将微量的碘非常困难地加入到一种聚乙炔中的时候，奇迹发生了——经过黑格的一个学生测量，银光塑料的导电率一下子提高了 1000 万倍（一说 3000 亿倍），真正成了金属般的导电塑料。

1977 年，在纽约科学院国际学术会议上，白川把一个小灯泡连接在一张聚乙炔薄膜上，灯泡马上被点亮了。

"塑料也能导电！"此举让四座皆惊，因为塑料是绝缘体的定论已经被推翻。

同年夏天，黑格、马克迪亚米德和白川等，将他们的成果发表在论文《导电有机聚合物合成：聚乙炔的卤素衍生物》中。这一发现被公认为是一个重要突破。从此，一个新领域诞生了，并引导出许多新的和令人激动的应用。

导电塑料的发现，掀起一股研究热。仅 1984 年一年，全世界发表的有关重要论文就超过 200 篇。

那么，掺有杂质的塑料为什么会导电呢？和白川一起在筑波大学研究的赤木和夫通俗地说："杂质虽然不会改变塑料的结构，但使电子处于'兴奋'

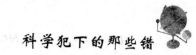

状态，从而形成电流。"

导电塑料具有塑料的优点，例如重量轻，拉伸性、弹性和柔韧性好而便于成型。同时，它又具有金属的优点——导电性好。由于这些优点，可以代替金属作一般的输电导线。而且，由于可以做得很细，所以能在微电子领域大展宏图——例如用在越来越密集而且不断微型化的集成电路中。目前，大批量生产的导电塑料，已经广泛应用在微电子工业中。

将导电塑料浸入一种复杂的溶液后，可以把太阳光的能量转变成电能，它的原理类似植物的叶绿素的作用。用它可以制成太阳能塑料薄膜，并根据建筑物形状进行剪裁，直接将太阳能变成电能并储存起来，非常方便。20 世纪末才开始研究的高分子聚合物太阳能电池，就采用了这种太阳能塑料薄膜。它将太阳能转化为电能的效率，提高到了 3% 左右，一旦更上一层楼，其廉价的成本必将前途无量。

蓬勃发展的纳米技术，推进了导电塑料的研究。美国利用塑料纳米技术，成功地开发出了新型塑料太阳能电池。它的电极厚度只有头发丝粗细，却可以源源不断提供 0.7 伏的电压。

利用导电塑料吸收电磁波的特性，可以制成抗电磁波干扰的屏蔽装置，非常轻便。目前可以做得非常薄的导电塑料，具有可以弯曲等其他优良特性。博伊尔勒认为，把它应用在电脑上，将有望进一步缩小电脑的体积并提高其运行速度。

最近，科学家又制成了塑料晶体管，向单晶硅提出挑战。如果能用导电塑料取代锗和硅，将以低廉的价格和更易于加工处理的优势，引起电脑的革命。

对这些进展，赤木和夫甚至满怀憧憬地说："也许可以像瑞典皇家科学院所说的那样，把高性能的电脑装进手表。"

更令人惊奇的是，科学家又研制出了超导塑料——零下 270℃ 的时候电阻为零。这对于超导物理的理论研究又提出了新课题，潜在的实用价值不可限量。

中国科学家们正在研制的塑料电池。重量轻——仅为铅酸蓄电池的 1/20，使用寿命长，提供电流大，其功率密度比传统铅酸蓄电池约高20倍，性能也稳定可靠。这场"电池革命"，最终会使没有污染、噪声小和节约石油能源的电动自行车与电动汽车得到广泛使用。

1990年，英国剑桥大学的弗伦德（R. Friend）发现，在电场中某些有机聚合物可以发光。采用导电塑料制成的有机发光二极管非常薄，比普通发光二极管使用寿命更长、亮度大、耗能低和发光效率极高——它属于冷光源。美国专家预测，到2020年，使用这种发光二极管，将使美国照明用电减少一半，从而每年节约1000亿美元，把生产电能造成二氧化碳排放量减少近3000万吨。这种发光二极管还可用于制造可弯曲的彩色显示屏幕，用在电脑或电视机等上面。

导电塑料的发明，让三位科学家共同登上了2000年诺贝尔化学奖的领奖台，共享91.37万美元的奖金。

英国物理学家汤姆逊曾经说过："在能够对科学作出贡献的所有因素中，观念的突破是最伟大的。"导电塑料的发明，是"观念更新出成果"和"取优点去劣势"的典型例证。

威尔·罗杰（Will Rogers）说："没有什么是永恒的。"绝缘体会向"相反方向"变成导体，印证了这个哲理，也诠释了英国诗人雪莱（1792~1822）的名言："除了变，一切都不能长久。"

用绝缘性好的陶瓷去制作超导体，把硬脆的陶瓷改得硬而不脆，在硬脆的玻璃中加入金属，制成硬而不脆的金属玻璃，都是类似的例证。

不可忽略的"不经意"

1945年9月2日和2005年8月25日，两个几乎相差"一个甲子"的日子。

这是人类难以忘怀的两个日子，更是美国人挥之不去的两个日子。

在前一个日子的晚上，有一艘巨大的战列舰"密苏里"号停泊在日本东京湾的海上，美国的五星上将麦克阿瑟（1880～1964）代表盟国在这里接受日本侵略者无条件投降。于是，第二天9月3日——抗日战争胜利纪念日，成了一个人类喜庆的日子。

从后一个日子开始，级别最高的飓风——5级的"卡特里娜"以200多千米的时速登陆美国佛罗里达州，使低于海平面的新奥尔良市堤坝溃决而几乎成了水中的"庞贝"。于是，这个造成1500亿美元经济损失和1209人死亡的"美国历史上十大灾难之一"的日子，也成了一个人类——特别是美国人悲哀的日子。

那么，这一喜一悲的两个日子为什么被扯到一起呢？

在"密苏里"号上，麦克阿瑟在受降书上签字

2005 年 8 月 28 日，新奥尔良几乎成了水中的"庞贝"

在接受日本投降以后，美国军人就用木箱装上物件"打道回府"了。然而，他们不知道的是，这些"亚洲木箱"的木板中，潜伏着一种危险的敌人——白蚁。它们蜷缩在木板中免费远涉重洋到达美国，并以强大的繁殖力（每天产卵可达 4000 枚）和长寿命（蚁后可达 15～50 年）在美国兴旺发达——特别是在像新奥尔良市这种有潮湿温暖气候条件的地区。

"卡特里娜"飓风之后，美国生物学家发现，在新奥尔良市倒塌的许多木结构房屋中，都有白蚁当飓风的"内应"——它们老早就蛀空了木料，使木结构房屋更加"弱不禁风"。而当地的白蚁却基本上没有这种危害。

这就是当今时髦的科学名词——生物入侵的一个案例。

这个故事告诉我们的哲理是，我们有时"不经意"的行动，就会带来巨大的灾难。这种例子举不胜举："不经意"乱扔一块西瓜皮，就导致一位孕妇跌倒而流产；"不经意"乱扔一个没有熄灭的烟头，就导致一场森林大火……

生物入侵的案例不胜枚举。澳洲"刺梨"事件，就是另一个典型例子。

1840 年，一位南美阿根廷医生移民澳大利亚的昆士兰州，带来了一个普通的"刺梨"盆景——澳大利亚仙人掌的祖师爷。

刺梨颜色碧绿，容易生长，还会开出美丽的花朵，人见人爱。病人就诊以后，就顺手摘一叶回家，不几天就生根萌发新株了。

刺梨在盆里生长是"矮子"，而插到野外可长到一人高。一些人就把它插

仙人掌

在庭院或野地里，任其自由繁衍。于是"如鱼得水"的刺梨，就毫不迟疑地窜出围篱，向茫茫大草原"狂奔猛跑"……

"合法入境"第85年的1925年，刺梨已经成为澳洲东部的新霸主——这位新"移民"成了草原和荒漠带的优势植物，盘踞了昆士兰州和新南威尔士州的24万平方千米土地。小麦、玉米和牧草等都成了刺梨的"手下败将"——耕地和牧场被一片片蚕食鲸吞。耕地减少，牛羊没草吃，农牧民只好撂荒而逃……

澳洲人用传统的铲除、刀砍、车压、火燎和喷药等方法围歼刺梨，但显然收效不大。比如喷农药，起初刺梨还肥叶枯萎，但根却不死，不久就"春风吹又生"；后来有了抗药性，喷药不仅无效，反而给它撒了水施了肥。

后来，生物学家终在刺梨的老家——阿根廷发现了它的死对头，一种专吃仙人掌的"卡克勃拉斯特"昆虫。这种蛾虫在刺梨株心排卵，孵出的幼虫吃茎啮叶，排出有毒粪便，转眼就让一棵刺梨"呜呼哀哉"。第一次成规模放虫试验，就消灭了2470公顷的刺梨。1926年更是毁掉40万公顷刺梨。在"生物防治"10年后的1935年，刺梨灾完全被控制——只剩少量刺梨成为点缀澳洲荒漠不可或缺的风景，同时给"卡克勃拉斯特"提供食粮，以免它去危害"他人"。仙人掌、蛾虫和草原连为一体，使当地的生态环境得到微妙的平衡。

"吃水"不忘"掘井人"——昆士兰州政府在州的首府布里斯班市,建了"卡克勃拉斯特"蛾虫纪念碑。

在刺梨"走向澳洲"的起点——那个阿根廷医生定居的布拉科尔镇,也建了纪念馆,以铭记这场惊心动魄的"生物战",警戒后人不要重蹈覆辙。

克隆动物未老先衰

1996 年 7 月 5 日下午 5 时，一项震惊全世界科学界的事件发生了——6.6 千克、妊娠 148 天的克隆绵羊"多莉"在伦敦罗斯林研究所一个普通的实验棚里横空出世。它的"母亲"是英国科学家坎贝尔和伊恩·维尔穆特（L Wilmut）。而"多莉"这个名字，则来源于维尔穆特最喜欢的有硕大乳房的英国乡村女歌手多莉·帕顿——"多莉"由一只母绵羊乳房上提取的细胞克隆而得，当然名字应该和乳房有关。不过，在 2006 年 3 月上旬，维尔穆特承认，培养"多莉"的，并不是他，而是坎贝尔等人。

接下来的故事，大家都知道—数不清的各种克隆牛、兔、山羊、鼠、猪、驴和猫等动物在世界各地"百花齐放"。

然而，"好景"不长——"多莉"出生 3 年后就"未老先衰"，后来，它又患了肺炎而不断衰竭，只好在正当"中年"的 2003 年 2 月中旬被迫实施安乐死。世界各国科学家的"齐放的百花"，也大多"零落成泥碾作尘"。

那么，是什么原因使这些克隆动物"未老先衰"并最终早夭呢？

克隆绵羊"多莉"

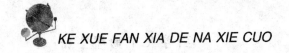
一些科学家认为，是克隆技术不成熟。这种看法有以下事实依据。

"多莉"是经过277（一说247）次试验才成功的一次，这一成功与其说是一种成熟的技术，不如说是一个偶然的特例。事实上，克隆"多莉"的坎贝尔和维尔穆特等人，就再也没能克隆出任何一只动物来。而且，"多莉"生前的磨难，使他们在它出生以后，不敢立即公开——他们知道幼稚的技术将使它有可能立即死亡。这样，在"多莉"出生半年以后，他们才于1997年2月23日宣布，并由美联社在同一天报道出来。4天后，英国的《自然》杂志全文刊登了他们的实验结果。

其实，克隆动物"未老先衰"，还有下面这个更深层次的原因。

2003年，英国剑桥的科学家证实克隆的动物容易"未老先衰"的原因。是克隆动物时复制过程本身就会损害动物正常生长的基因机制。他们跟踪了一系列的胚胎图像信号，观察细胞是如何生长的。研究显示，克隆的胚胎常常会出现不正常信号，而正是这些异常阻碍了克隆动物的正常生长——通常情况下，这种异常仅仅出现于动物晚年。

在2005年出版的一期《科学》杂志上，一个研究小组报告说，对恒河猴的研究发现克隆使胚胎失去了一些关键的蛋白质。而这些蛋白质对细胞中染色体的分配与细胞的正常分裂都至关重要。同样的问题可能也阻碍了克隆人的研究。

几个研究小组一直想通过体细胞核移植来克隆猴子，但都没有成功。美国匹兹堡医学院的沙滕（Gerald Schatten）等人，就怀疑在克隆胚胎中有什么东西搅乱了细胞的分裂——在早期阶段，这些胚胎看似正常，但当植入体内后却没有一个能导致怀孕的。研究人员深入研究后找到了答案：这些胚胎中的许多细胞在染色体数目上都出现了错误。尽管前几次具有这类缺陷的细胞分裂不会影响胚胎的生存，但发育过程很快就不可救药地"脱轨"了。

这项工作解释了至今没有一个人能成功地从人类细胞核移植得到发育正常的胚胎，也进一步证实了那些宣称已克隆出人类的吹牛者，还不了解细胞或发育生物学的事实。

克隆动物"未老先衰"的事实，表明了这个更深层次的原因——大自然是难以完全复制的。这就是我们这个故事要揭示的深刻哲理——它有助于我们如何看待自己和"复制大自然"。

人类相当多的科学发现和技术发明，都是受到自然的启发而产生的，模仿或复制自然当然不乏杰作。比如，仿生学中把大凤蝶翅膀的凹坑结构应用到纸币上，就诞生了极难造假的防伪钞票。但是，许多模仿或复制总是有缺陷的，或者是完全不成功的。

2005年9月中国制造的世界领先的仿生智能机器鱼，虽然能够游动，但却"行动迟缓"——和真鱼的"鱼翔浅底"相去天渊。这是有缺陷的例子。

人类眼睁睁看见"鹰击长空"数千年，却无法制造出一个扇动翅膀的飞行器——就像最蹩脚的母鸡那样扇动翅膀飞行一小段。这是完全不成功的例子。

在这种事实面前，更不用说去完全成功模仿或复制创造生命了！

为什么会出现这样的问题呢？这是由于人类自身和能力的缺陷与局限，更是大自然的更为复杂巧妙和博大精深——只有约300万岁的我们，和约45亿岁的大自然相比，不过是出生以后才牙牙学语的幼儿。也正因为如此，我们更应该全面、持续地了解，熟悉自然，掌握自然的规律。

这就是意大利科学家达·芬奇（1452～1519）所说的"直接向大自然请教"，当"大自然的儿子"。

外来物种面前的平常心

碧波荡漾，"水中美人"在水一方。这是中国南方经常出现的水上一景。

这里的"水中美人"，就是浑身碧透，绿得醉人，连膨大的浮囊叶柄外皮也是绿色的水葫芦。只要它活着，就浑身闪绿，不像草木老是掉落黄叶枯枝。成熟期水葫芦则从叶腋萌生花穗，抽出轴状紫色花簇，花瓣偶尔可见黄、蓝斑点。

水葫芦学名凤眼蓝，别称水浮莲、布袋莲、水荷花和假水仙等。原产南美委内瑞拉，后传播到南北美洲的热带亚热带地区。1884 年，美国新奥尔良市举行国际棉花博览会，各国客商看见当地簇簇紫花绽放像热带兰的水葫芦，就纷纷带回国作花卉培植。随后不到百年就成了东半球 60 多个国家的常见植物。

由于水葫芦生命力旺盛，繁殖力强到八九天就翻一番，所以很快就成为"水上霸王"。

当中国在 20 世纪 60 年代将水葫芦当作度荒青饲料奉养的时候，它在国

独霸水域的"紫色恶魔"水葫芦

外已经声名狼藉，到处遭到斩杀。孟加拉的水葫芦引自德国，称为"德国恶草"。南非的水葫芦引自美国佛罗里达，20世纪20年代泛滥成灾，号称"佛罗里达恶魔"。斯里兰卡的水葫芦引自日本，骂名"日本烦恼"。印度则称水葫芦为"紫色恶魔"。

水葫芦抢占水面，窒息鱼类，妨碍航行，影响灌溉，孳生蚊虫，缠结水轮机叶片，成了大害。例如，泰国湄南河一发洪汛，一座座盘根错节的水葫芦"岛屿"就浮游而下，猛冲桥洞，曼谷几十艘专业船保卫首都，紧急迎战，把"岛屿"分解捞起方才作罢。孟加拉国、印度和巴基斯坦，则采用人工捞取、火焰喷射、毒药喷杀和炸药爆破等手段加以"强攻"，可是，三个月后，"紫色恶魔"或"水上绿魔"依旧"在水一方"。于是，它被列入世界"十大害草"。

在中国，水葫芦灾害以闽、台、粤为甚，福建是重灾区。20世纪80年代以来，养猪主要靠商品饲料，花工钱捞水葫芦养猪不合算。水葫芦成了"被遗忘的角落"，倒自由自在地四处漂泊，疯狂繁衍。到人们"蓦然回首"的时候，为时已晚！如今福建的水葫芦盘踞了全省1/4的湖塘库沟水域。于是从2003年冬季开始，福建曾打响了专项整治水葫芦的战役……

当然，入侵的不只是植物。

福寿螺又名苹果螺或大瓶螺，原产南美亚马逊河。因为它营养丰富，肉质松脆味美，所以在20世纪80年代就有人带到台湾和广东等地，开始大规模饲养。但引入后发现肉质并不理想，吃的人很少，最终被抛到野外的水中。

福寿螺和它附着在水稻上的粉红色的卵

食人鲳上"刑场"前还咬人

由于它的繁殖力强，没有天敌，所以短短几年就蔓延到温州和丽水等地，使农民的庄稼在一夜之间就被吃掉大半，并和当地螺和鱼类争食水草，成为"害虫"。但是，此时已是"请神容易送神难"。例如，1988年，四川一家农研所从外地引进福寿螺，在泸州人工净养成功后，在1993年曾使四川荣昌（现重庆）100多亩稻田颗粒无收。到2003年已经对农田造成巨大的危害，虽然花费大量人力打捞和采用化学药物处理，但仍要大约5年才能根除。

至于引进的观赏鱼食人鲳在2003年咬人的事件，更是当时的热门新闻。

是的，生物入侵已经给人类带来各方面巨大的危害。例如，仅美国一年就因此损失1000亿～2000亿美元。于是，美国宇航局在一份报告中说："外来物种的入侵可能会造成21世纪最大的自然灾害。"

但是，很多外来物种并没有我们想象得那么可怕——90%对周围生态系统不产生重要影响，大自然的包容和自我修复能力远远超乎我们的想象。著名生态学家查尔斯·爱尔顿的研究证实，多数情况下外来物种不会削弱生态系统，而是将大生态系统变成更多不同的分支，每个分支中都有对人类有益的生物。

实际上，外来生物大多已经悄无声息地融入新的环境。当地物种的灭绝，很少是因为外来入侵物种直接造成的结果。

那么，对入侵物种有没有理想的既引进又制约的好办法呢？答案是肯定的。

欧洲的艾菊在引进美国之后不久就成为有害物种——危及当地的生态和

环境。后来，美国人把它的天敌——来自法国的红蛾和来自意大利的甲壳虫，也引入美国西部。由于它们都以艾菊的叶子为食，结果艾菊受到制约，再也没有力量"为非作歹"了。

由此可见，对于"侵略者"，我们不必都采用"斩尽杀绝"的手段——让它们和天敌"和谐相处"，形成一定"食物链"，保持生态平衡，有时是更好的方法。

大自然是和善的。我们谴责"入侵"的真菌疾病给农场带来的灾难，却忘记了我们种的庄稼和养的牲畜，原先也是入侵物种。我们渴望保持原有的生态系统，但是，无论我们是否干预，世界无时不在变化。一个看起来纯粹灾难性的事故，最终可能被科学研究的成果所推翻，促进我们更好地了解世界的客观规律。科学总是在怀疑中前进，科学研究的结果常常令世人惊讶不已——包括科学家自己。

小生物闯大灾祸

"混蛋！胆小如鼠的饭桶！"

一群"大将军"站得笔挺，接受严厉的训斥。

是谁，因为什么，这样大发雷霆？

1941 年的一个夏夜，巴黎全市突然停电，顿时全市乱成一锅粥。

占领巴黎的德寇司令部立即判断，这是法国武装力量进攻前的预谋，于是连夜紧急从本土派一个机械化师的兵力来加强戒备。德寇的判断也不是空穴来风——1940 年 6 月中旬纳粹侵占了巴黎之后，就经常遭到法国爱国力量的袭击。

德寇惶惶不可终日熬了几天，袭击却没有发生，于是气急败坏地杀害了几百个巴黎市民。

事后，查明了停电原因。原来是发电厂开关闸刀仓的电线被老鼠咬断，造成供电系统失灵。

这场虚惊激怒了希特勒，于是这个魔鬼就对他的"大将军"们来了一顿臭骂……

"大将军"们倒是只承受了一顿臭骂，但对巴黎的数百市民来说，却用性命为一只老鼠当了"替罪羊"。

一只老鼠咬断电线，这是"小事一桩"。然而，这种"小事"引出"大灾"的例子，比比皆是。

下面，是一个商业上的例子。

20 世纪 80 年代初，日本一家雨鞋公司派往世界各地的产品推销员，向公司报告了当地需求的雨鞋款式和数量等资料。公司将这些信息输入电脑，计算出要生产 500 万双雨鞋才能满足市场需求。于是，公司经理决定立即生产供应。可是，整个雨季却只销售了 20%，80% 成了滞销品。该公司因此负巨额债务并最终破产。

开始，经理怀疑推销员提供了错误的情报，后来经查实竟是一只蟑螂爬进了电脑，在里面乱舔并产了卵，引起了线路的故障……

下面，是一个工程上的例子。

20 世纪 80 年代一个春意盎然的日子，尼日利亚首都拉各斯的市民同往常一样，在一座雄伟壮观的石拱桥上"闲庭信步"。

突然，"轰"的一声——石拱桥倒塌。桥上百余人坠河丧生，酿成非洲桥梁史上最惨重的事故。

桥梁专家赶到现场对事故进行调查分析，结果发现桥梁设计和施工都没有差错，也没有超载和人为破坏。

那么，究竟是什么原因造成桥垮人亡的惨祸呢？

后来，经一位桥梁专家仔细调查，才发现在桥拱石的缝隙间爬满了蜗牛，当地的这种蜗牛把粘固桥梁之间的石灰浆当成了美味佳肴。日久天长，石灰啃完了，拱石也松动了……

下面，是三个交通上的例子。

1944 年秋，在意大利南部山区的铁路线上，一列满载着士兵的火车从贝瓦诺车站出发向前飞奔。

然而，列车出发了两个小时，却还没有到达相距只有 5 千米的前方车站，这究竟是怎么一回事？

在大家议论纷纷的时候，列车上一名乘务员气喘吁吁地跑来报告，说列车迫停在 S 形的隧道里，车上 500 多名士兵全部死亡。

原来，隧道里阴暗潮湿，许多癞蛤蟆爬在铁轨上，车轮和铁轨沾满了被轧死的癞蛤蟆黏液，如同涂上了润滑油，车轮在原地打滑。司机又拼命添煤，想冲上斜坡，穿出隧道，但车轮始终空转。当时正值第二次世界大战，列车上烧的是劣质煤，排出浓度很高的一氧化碳，聚集在通风不良的 S 形隧道里，车上的士兵在睡梦中因吸入过量的一氧化碳而中毒死亡。

20 世纪 60 年代一个风和日丽的春天，一列火车在印度东部的原野上风驰电掣……

春光明媚的铁路沿线花红柳绿、蝶飞蜂舞，列车驰进瓦腊纳西小站。可是，司机却始终看不清信号——是停车还是继续前行呢？他只好把身子探出窗外，尽力观察。

突然，一只蜜蜂蜇了司机一下，他本能地顺手把它拍死。这一"拍"，可闯下了大祸。

这只蜜蜂在临死的时候，散发出招引附近同伴的特殊气味。被群蜂包围乱蜇的司机顿时疼痛难忍，视线一片模糊，只好立即紧急刹车。可是，为时已晚——惯性驱动着火车闯入车站，猛然撞上停在同一条轨道上的另一列火车，造成5节车厢颠覆、死伤旅客300多名的惨案。

那么，司机为什么会"始终看不清信号"呢？原来，指挥行车的信号机架上爬满了蜜蜂……

1980年9月，"两伊"大动干戈，中东局势日益紧张，埃及总统召集高级军事会议商讨对策。会后，13名将军乘坐一架军用飞机从开罗飞往塞得港。当飞临地中海上空的时候，一只飞鸟随着气流像炮弹一样射进飞机的涡轮发动机。瞬间，发动机停转，飞机失去了平衡而栽入地中海，机上13名将军全部遇难。

据航空史记载，鸟撞飞机的事故常有发生。飞机"怕"飞鸟，是因为飞机速度快。据计算，一只数千克重的飞鸟撞在时速1000千米飞机上，撞击力可达近百吨。这必将造成机毁人亡的惨剧——难怪航空上说，空中的飞鸟是"鸟弹"。

下面，是一个旅游业中的例子。

苏金达是苏丹国红海沿岸的一座名城，曾经以东方风格的宫殿、通街河道和如诗如画的港口而闻名遐迩，19世纪的旅行家们曾把这座繁华兴旺长达5个世纪的城市，誉为"红海边的威尼斯"。

但是，如今它已沦为一片废墟。

毁灭苏金达的元凶，是一些"小虫"。

15世纪的苏金达，曾被奥斯曼帝国占领并发展为亚非间贸易的重要集散

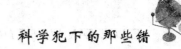

地。1860年，岛上的土耳其统治者下令修建城墙和营造房屋。居民们趁红海落潮之际搜集珊瑚石，运回港口当建筑材料。在运输过程中，他们也把珊瑚虫带进了水道，从此埋下了祸根——这一带海水温暖适宜，珊瑚虫数量剧增。不久，航道就冒出几座珊瑚礁，造成港口堵塞无法通航。到了20世纪初，甚至连小船也难以通行了。

下面，是一个仓库中的例子。

1990年夏天，日本南部一座仓库莫名其妙地发生了一起火灾，幸亏消防队员及时扑救，才没有酿成大祸。

事后对起火原因进行调查，排除了人为纵火和电线短路，也否定了仓库内物品自燃和自爆。

后来，有人在仓库里发现一只烧死的猫和墙角地上的一堆生石灰。于是，一位专家分析推断，惹祸的就是这只死猫。它在生石灰上撒了一泡尿，生石灰遇水生成熟石灰发生的化学反应产生数百摄氏度的高温，超过了盖在上面的油毡和木板的燃点，引起火灾。

为了证实这一推断，专家把相当于一泡猫尿的水，浇在50千克的生石灰上——果然把盖在上面的油毡点燃。

下面，是一个农业上的例子。

1957年，一种杂交非洲蜂的后代在巴西圣保罗大学"胜利大逃亡"。蜂性凶猛的非洲蜂逃逸到适宜生长的南美丛林中迅速繁衍起来，不断向外扩散并造成灾害。30年来，至少有400人死于杀人蜂的毒螫之下。后来，美国的加拉加斯和委内瑞拉等地，又不断传来杀人蜂危害人类的消息。

此外，给农作物传送花粉的本地蜜蜂，容易和这种长得相似的杀人蜂杂交。杂交后的蜂，就不再为农作物传送花粉了，巴西农业每年为此损失10亿美元。

推广成果要因地制宜

"你们捆的是谁呀！"楚王故作惊讶地站起来问。

"禀报大王，是齐国人——盗贼。"小官赶忙回答。

这是晏子代表齐国出使楚国的时候，楚王演的一场"戏"上的一幕，在《晏子春秋·内篇杂下》中有记载。晏子名晏婴（？～公元前500），字平仲，是春秋时代齐国的一个智慧过人的官——大夫。

原来，晏子到楚国以后，楚王设宴款待。酒过三巡，只见两个小官绑着一个犯人走进宴会大厅。这时就有了前面的对话。

"齐国人都善于偷东西吧？"楚王转过头，看着晏子，得意地说。

"我听说，橘子生在江南，就结出橘子；移到江北，就长成枳实，虽很相似，但果实味道却大不相同。这是什么原因呢？因为水土的差异。老百姓在齐国从来不会偷东西，到了楚国却会偷，请问这是不是楚国的水土使人善于偷盗呢？"晏子站起身来，"借刀杀人"、反唇相讥。

楚王和晏子的话，从逻辑上讲，都犯了以偶然性代替必然性和以个别代替一般的错误。不过，晏子所说的"橘逾淮为枳"，却说明了"环境对事物的发展和改变很重要"这个哲理。

的确，南方的橘子又大又甜，很使北方人"垂涎三尺"。于是，就有人把它带到北方栽种，但结果却大失所望——结出的果实又小又酸。这样，就有了"南橘北枳"即"淮橘为枳"或"橘化为枳"的成语，和"淮南为橘，淮北为枳"的记载。其喻义为，同一事物，因生长环境不同而发生变异。

南橘北枳的例子多得不胜枚举。众所周知，北方的马铃薯不但个大，而且单位面积产量高。于是，南方人也引来种植，但个子变小，单位面积产量也不高，而且还一年不如一年，只好年年到北方带回母种，期盼好的收成。

南橘北枳在医学上的克隆版，是北宋著名文学家苏东坡（1037～1101）赞扬的"圣散子""杀人无数"的故事。

宋神宗在位的时候，苏东坡曾担任中央和地方的官职，因反对王安石（1021～1086）变法，被以作诗"谤讪朝廷"的罪名，贬放到黄州。

苏东坡到黄州的时候，正好当地流行传染病，患病的人很多。医生用一种"圣散子方"的中成药治疗，效果非常好，患传染病的人大都被治愈。于是，苏东坡就一再挥毫称赞"神药"圣散子的神奇疗效。

随着苏东坡文章的传播，圣散子也名扬四方，受到全国各地的文人及医生们的重视，被视为灵丹妙药。

宋朝元祐年间（1086～1094）的1091年，永嘉地区闹传染病，很多人也用圣散子来治疗。但是，非但没有能治好，反而使许多人病情加重，甚至死亡。

苏东坡

到了宋朝宣和年间（1119～1126），圣散子又在汴京广为传播。因为"大学生"们都是大文豪苏东坡的"粉丝"，也都读过他的文章，对它的疗效自然深信不疑。但是，医生们在用了它之后，却"杀人无数"，只好停止使用。

又过了近300年，到了明朝弘治癸丑年（1493），吴中即苏州一带传染病大流行。曾读过苏东坡赞扬圣散子文章的苏州府地方官孙鈇，为了阻止传染病继续蔓延，就命令当地的医生及药店都配制圣散子，除了沿街叫卖以外，还将圣散子方印刷刊行，到处散发宣传。结果导致许多病人狂躁昏瞀而死。

那么，当年在黄州大显神通的圣散子，为什么后来就不灵了呢？

原来，黄州地处江边，临江雨多，比较潮湿，当地人多患有寒湿类的疾病。所以，吃圣散子——祛寒燥湿的药，恰好针对病情，疗效就很好。因此，苏东坡盛赞圣散子也不足为奇。

但是，在后来三次提到的那些地方所流行的传染病，却正好与黄州的传

"三苏故居"的苏东坡塑像

染病相反——病人是受温热的邪气侵袭而致病的。此时，再去吃圣散子这种燥热助邪的药物，就好像火上浇油，怎能不加重病情、误治而死呢！

苏东坡赞扬过的圣散子之所以会"杀人无数"，是因为这些医生不懂得唯物辩证法关于矛盾特殊性的缘故。所以，医生必须根据病人的实际情况"对症下药"，遵循"同病异治，异病同治"的原则，才能奏效。

治病是如此，做其他工作又何尝不是如此呢！

最近一二十年，一些人盲目引进、大量种植仙人掌和芦荟等——因为这些"美容保健食品"在外国"火得很"。结果都因为中国人和"老外"的生活习惯和口味等不同而折戟沉沙。

不管是地域不同也好，还是疾病不同也好，都告诉我们一个哲理：推广成果不能不看当时当地的实际情况，要因时因地制宜；那种"万能药方"是没有的。科技发明发现中的成果如此，方法也是如此。现实生活中一些强行推广某一经验或方法的失误，都从反面明确无误地验证了这一哲理。

近年，到处流行诸如"求职十大诀窍"、"创业八大经验"和"择偶六大秘诀"之类的"人间指南"。对此，我们当然可以从中吸取适合自己的"精华"。然而，如果株守这些伊人昔日他乡的"戒律清规"，就很可能橘化为枳。

人与病毒是对抗还是合作

病毒——一个让人不寒而栗的名词。它总是与疾病和死亡紧密联系在一起——许多骇人听闻的病症都是它在捣乱。

那么，让人"谈毒色变"的病毒就那么罪大恶极吗？

其实，绝大多数病毒都能与我们和平共处、相安无事，有些甚至就是为我们做贡献的好朋友！

我们曾经把人体内的病毒都看作是致病的"瘟神"。其实，这是一种误解。

实际上，在人体内的所有病毒中，致病的是"少数派"。而且，它们大多只在人体感染的这段极短的时间内存在——患者被治愈或死亡后，就"死于非命"或"另走他乡"了。

那些长时间待在人体内的病毒。大多数不会危害人体，也不会引起症状。不但如此，它们有时还会对宿主产生一些有益的作用。例如，一种内源性逆转录病毒（ERV）在进化过程中，就和哺乳动物的细胞"亲密无间"，并成为高级哺乳动物 DNA 的组成部分。

在生物进化过程中，人和脊椎动物直接从病毒那里获得了 100 多种基因——病毒侵入到这些生物体细胞内的结果。人体内复制 DNA 的酶系统，就有病毒的功劳。

我们知道，生物体都是"排他系统"。但是，母亲体内的免疫系统，为什么不排斥从受精卵开始就生长在子宫内的胎儿呢？人们对此提出的假说之一，就是有某种制约因素在起作用。后来，科学研究已经证实了 ERV 能够通过调节胎盘的功能，来阻止母亲的免疫系统排斥胎儿，保证胎盘的形成。因此，科学家们说，ERV 是母亲的小帮手——没有它们，就没有人类

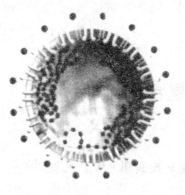

冠状病毒的结构

和高级哺乳动物的今天。

你看，病毒有了第一个贡献——促进了生物的进化。

病毒的第二个贡献是，制止了疾病的肆虐。

例如，一些对人体无害的病毒能帮助消除有害的病毒。2004年，美国科学家用一种经过基因改造的感冒病毒治疗老鼠的脑部肿瘤，取得良好疗效。这种引发普通感冒的腺病毒，能够侵入并杀死60%的实验老鼠脑中的肿瘤细胞，但并不影响老鼠体内其他健康细胞的正常功能。它能使患恶性脑肿瘤的老鼠多活120多天。主持实验的科学家说，这一疗法为那些不宜接受手术的脑肿瘤患者提供了希望。

又如，与上述发现相隔不久，加拿大的科学家也发现了一种能够杀死癌细胞的病毒——这种遍布人体的滤过性病毒对人体无害。研究人员用老鼠进行实验，发现注入这种病毒后，老鼠身上的恶性肿瘤就会消失。

再如，有的科学家大胆尝试用令人闻风丧胆的艾滋病病毒来"以毒攻毒"，开辟了一种治疗中枢神经系统疾病的新方法。科学家还设想，用艾滋病病毒中携带的遗传因子，替代患者身体细胞内有缺陷的遗传基因，来治疗帕金森氏综合症和老年性痴呆症。

病毒的第三个贡献是，维持生态平衡。

病毒在漫长的进化过程中，一定"试探"了各种各样的宿主。如果对方的"抵抗力"太弱，它就会"命丧黄泉"；只有和它"旗鼓相当"的宿主，才能相互"共存共荣"。就在这漫长而又不断"磨合"的过程中，物种之间才形成了相对稳定的"同步"进化关系，生态系统也就达到平衡。

但是，这个平衡是动态的。当一个物种面对陌生病毒的时候，因为没有"练就"抵抗的本领，就无法控制"入侵者"的大量繁衍，病毒种群就会大爆发而酿成疾病灾难。此外，病毒自身也会变异和出现返祖现象，从而导致宿主原有的抵抗本领减弱或消失。事实上，自然界中的很多疾病灾难，都是这个原因。

下面的一个实例，就充分说明了这一点。

19世纪初，欧洲的兔子随着英帝国殖民者来到澳大利亚。1859年，墨尔本动物园引进了24只欧洲家兔，供人们观赏。不幸的是，这个动物园关家兔的木笼于1863年在火灾中被烧毁，幸存者窜奔旷野，成为野兔。

因为当地牧草丰美，又没有高等食肉动物，所以当地的野兔在近一个世纪里就增加到70亿只。野兔与家羊争牧草，还打洞破坏草原，严重危害了草原生态平衡和畜牧业发展。在这"兔灾"面前，澳大利亚政府只好在1950年引入了一种黏液瘤病毒——让野兔感染之后几乎100%死亡。而它的天然传播媒介是蚊子。

开始，实验很成功——澳大利亚东南部有蚊子肆虐的地区，兔瘟疫像野火般蔓延，3年内就沿着南部海岸到达了澳大利亚西部，使各地99%的野兔死于非命。但好景不长，不久，杀死率逐渐降低，野兔数量渐渐回升。

为什么会出现这种现象呢？实验表明，野兔身上病毒的毒性减弱，而它们抗病毒的能力却大大提高了。

在与病毒的长期较量中，我们获得了一次又一次的"成功"——天花绝迹，鼠疫罕见，霍乱基本消灭，烈性传染病已不再是人类死亡的首要原因，人均寿命已超过古稀。但是，正当人们为"伟大胜利"而欢呼雀跃，准备"穷追猛打"，要让所有致病性病毒遭受"灭顶之灾"而蓦然回首的时候，却发现人在万物之中并不是"独孤求败"。此外，还发现杀灭致病性病毒的道路也并不是一路坦途——耐药的致病性病毒"野火烧不尽，春风吹又生"，变异的致病性病毒让人们防不胜防，不可能消灭一些致病性病毒的多种动物宿主……

那么，在这种欲战不胜、欲罢不能的窘境之下，我们应该怎么办呢？

用一用中国老祖宗的"天人和谐"和"泛爱众生"吧！

1977年，德国的福尔克·拉什教授正式提出了微生态学这一概念，使微生态学作为一门独立的学科，也使人与病毒、微生物的单纯对抗关系开始冰释。

"全副武装"的科研人员在研究病毒

下面的实例，是这方面研究的一个成果。

2004 年，德国马克斯·普兰克研究院发生生物学的科学家发现，某些病毒能够迅速地生成一些可以相互作用和合作的复杂方法。生物学家格雷戈里·韦利舍和他的生物学家妻子于云素，对 Myxococ – cus xanthus 的一种变异做实验时，发现了这个现象。通常，这些病毒会纠集在一起寻找食物，或者为了生存会聚合成一个孢子。但是，由于突变株已经发生了变化，它就再也不能参加这类"集体活动"了——像已经被驯化了的狼失去集体猎食的本能一样。

韦利舍说："我们亲眼看到全新的合作形式产生了。"因此，进一步的研究可以揭示这些病毒群体发生变化，从而防止它们的变化给人类带来危害。

我们对病毒、病菌和其他任何生物，尝试着从"对抗"走向"合作"吧——也许，如果没有它们，世界将黯然失色！

不该追求的"纯净"

"喝污染水和除盐水，都会危害我们的健康。"

美国的水专家马丁·福克斯（Martin Fox）博士在《健康的水》中这么说。这本小册子在1996年就翻译到了中国。这里所说的除盐水，是指纯净水。纯净水除去了通常的水——我们称为"常水"（例如自来水）中的微量元素和矿物质等"杂质"。

喝污染水危害我们的健康，这是常识。那为什么喝纯净水也会危害健康呢？

原来，人们喝纯净水的初衷，是为了避免污染水的危害。但科学家指出，饮纯净水无异于让你的肾脏"下岗"。久而久之，肾脏倒是"安逸"了，但一旦接触"常水"，反倒不能适应了，这就要引发某些病症。

再者，纯净水在除去"常水"中有害杂质的同时，也除去了其中所含的对人体有益的微量元素和矿物质等。据上海和天津两市的调查，一些长期饮用纯净水的家庭——特别是那些学龄前后的孩子，普遍出现不明不白的浑身乏力、掉发秃发和肌肉哆嗦等现象。医学专家们经过分析，认为这是因为长期饮用纯净水所致——少年儿童需要从饮用水中摄取的钾和钙等微量元素，纯净水中恰恰缺乏。

不但如此，由于纯净水有很强的溶解能力，所以它进入人体之后，会溶解人体内原有的一些微量元素，并将它们排泄到体外，造成一定的危害。因此，对儿童、老人和某些病人，纯净水不宜作为长期的唯一饮用水。

此外，福克斯还强调，由于纯净水中不含矿物质，就没有保护作用，因而其中只要被污染上任何有害物质，这些有害物质的作用就会被放大。这种污染，在劣质的纯净水中非常普遍。

喜忧参半的纯净水

最后，纯净水会让人体细胞选择有害的金属——例如铅，从而导致蛋白质或酶的机能发生障碍。约翰·索仑森（John Sorenson）博士，是美国矿物新陈代谢的理论权威和医学化学家。福克斯引用他的话说，新陈代谢的主要元素和次要元素的比例极易受水中主要元素数量的影响——如果所需的主要元素得到满足，次要元素就不会或很少被吸收，而是被排泄掉。举例来说，如果水中钙和镁含量高而铅含量低，人体就会选择钙和镁而把铅排到体外；但是，如果钙和镁含量也低，细胞就会选择吸收铅。

实践也证明，除去了一些人体必需的微量元素的纯净水，确实会带来一些疾病。例如，美国的牙医专家的长期调查表明，喝自来水得牙病的概率比喝纯净水的少。原因是自来水中含氟，适量的氟可以保护牙齿健康——这对幼儿特别重要。又如，上海医科大学的营养学教授指出："长期饮用纯净水，并用它来烧饭做菜，对健康有一定影响。现在有国外的研究资料证明，纯净水这种软水与心脏病和血管疾病有关联。"

福克斯认为，健康的水的标准应该具备以下几个条件：

一是有一定的"硬度"——指其中钙和镁的总量（以水中的碳酸钙的量来计算）应该在 170 毫克/升左右。

二是水中的溶解性固体总量应该在 300 毫克/升左右。

三是水的酸碱度应该略偏碱性，即 pH 略大于 7。

而"常水"能基本上满足这些条件。

由此看来，我们追求了"纯净"，却没有得到想要的健康。此时，倒不如回归"自然"——例如饮用"常水"。所以，一些专家建议，最好是饮用烧开了的自来水——特别是儿童，并呼吁推广一场"喝白开水运动"。例如，西安第四军医大学的微生物博士张文清，就主张"灌上一瓶凉白开，塞进冰箱冷冻室，等上 10 分钟，包你喝得爽快"。

也正因为如此，上海市教育委员会在 1997 年就下达了《不应在中小学推荐饮用纯水》的文件，通知各中小学和幼儿园，不应让处于发育期的孩子们长期饮用纯水，以免影响他们健康成长。据说，美国和西欧一些国家都明确规定不能饮用纯净水、超纯水和蒸馏水等。

不过，支持饮用纯净水的人——特别是生产纯净水的厂家认为，在均衡膳食的条件下，长期饮用纯净水有益无害。在这种宣传下，纯净水曾经"火"过一阵子。而各种水之间近 10 年争夺市场的"战争"，一直没有停止过。

当今世界，形形色色的水——纯净水、超纯水、太空水、电解活性离子水、蒸馏水、矿泉水、富氧水和各种饮料充斥市场，有的纯粹是为赚钱而做片面宣传，我们可不要被这些水的"汪洋大海""淹没"啊！

和"火"的纯水类似的是纯氧——近年"火"起来的"氧吧"就是明证。

那么，纯氧又好不好呢？

为了抢救急需氧的危重病人，要给他输入"纯氧"。既然人体需要氧气，而空气中只含大约 21% 的氧气，那 100% 的纯氧当然就"多多益善"和"大大地好"了——一些人的逻辑推理，一定是这样的。就这样，人们为日趋严重的空气污染而惶恐不安的时候，除了纷纷涌向空气清新的山野或海滨以外，还戴着氧气罩"贪婪"地吸着城里氧吧的纯氧——这一时成了一道城市风景。

医学专家指出，如果不是治疗某些重病或抢救危在旦夕的生命，健康人根本不用去氧吧吸氧。尽管吸过氧的人认为，对缓解疲劳和心理紧张十分有效，但问题在于如何把握吸氧的"度"。适当的吸氧的确有益，可在氧吧谁又去负责计量呢？吸氧绝对不是多多益善啰！

再说，人类长期以来呼吸的是含有 21% 氧气的空气，整个身体已经适应了。如果吸纯氧，就很容易造成过量。这样，那些多余的氧，将会使人体脂质过度氧化，继而开始损伤细胞，加速人体衰老，甚至还会引致肺部疾患和癌症。

即使在医学治疗中，也不能长期使用浓度超过 50%～60% 的氧。因为长期吸入 60% 以上高浓度的氧，氧自由基会损害细胞中的 DNA，影响体内的一些酶系统，抑制细胞内（尤其是线粒体内）的代谢反应过程，使肺部发生病理改变，形成"氧中毒"。事实上，我们前面提到的"为了抢救急需氧的危重病人，要给他输入'纯氧'"中的"纯氧"，其实并不是纯氧，而是含有一定量的 CO_2 的氧。这里的"一定量"，由医生根据实际确定——急需氧的危重病人，可以输入含纯氧99%的氧，或者含5%的 CO_2 加95%的纯氧混合的氧；而病情相对较轻的病人，可以输入含30%~60%纯氧的氧。

在2004年3月上旬，中央电视台就播放了一个早产儿过量吸入"纯氧"死亡的案例，导致一场官司。原来，是医务人员不知道医学书中有长期吸入"纯氧"有害的知识。

类似，"一尘不染"也难以忍受。世界上的许多美景——例如迷人的彩虹和绚丽的晚霞，都是尘埃的杰作。

假如大气层中没有尘埃，强烈的阳光就会"原封不动"地照射地球，一切生物都难逃死亡的厄运。假如大气层中没有了尘埃，雨滴也因为没有凝结核而无法形成—科学家的实验证明，特别洁净的空气，就算水汽饱和达到300~400的相对湿度，仍然没有小水珠。在这两个条件下，地球也会变成像某些星球那样的了无生机的荒漠。

长期的"万籁俱静"，会使人渐渐产生忧郁、压抑、烦躁、紧张、恐惧和食欲减退，极大地伤害神经系统。这已有下面的实验证明。1951年，美国麦吉尔大学的心理学家们让受试者戴着耳机，呆在四壁用隔音材料制成的房间内。几天之后，这些人都感到烦躁而不能控制自己的思想，有的还产生了幻觉等异常反应。显然，一定量的轻微噪音——例如海涛拍岸、树叶沙沙和犬吠虫鸣等，就像有益的营养素，有助于人的身心健康。

在当今物质生活相对富裕的时候，一些人变得刻意追求"纯净"了，仿佛只有这样才文明和时尚，才能寿比南山。于是，出于商业策略的炒作粉墨登场，披着科学外衣的"纯净"产品应运而生。其实，至清的纯水、至纯的氧气、至净的空气和至静的环境，并没有"一利"，有时甚至有"百害"。

此时，我们回忆起"水至清则无鱼"的古话——我们可不能当"清水"中的那条"鱼"啊！

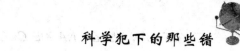

其实，在社会活动和人际交往中，也不能过于追求"纯净"——例如不分大小事眉毛胡须一把抓，处处追求"完美"，小事斤斤计较影响和别人的关系等。

同样，在我们的教育中，也不能过于把青少年关在"纯净"的校园中，不去接触那"混沌"的社会。否则在他们走出校园之后，就可能迷失方向而铸成终身大错。

于是，我们要说，在当今纷繁杂荡和红尘扰攘的社会中，不要过多在时尚的舞步和潮流的裙摆之间游走，而应经常在科学的圣殿和理智的天国之间穿行……

"养生"中的"滥贱"哲理

在非洲著名的奥南河畔，生长着许多羚羊。照"理"说，地域相近、环境和食物类似的同一物种，各方面都不应该"相去天渊"。可是，一位生物学家却惊奇地发现，河东西两岸的羚羊不大一样——东岸的比西岸的繁殖能力强很多；奔跑速度也更快，达到13米/秒！

在迷惑不解之后的调查表明，原来河东岸有狼群，在这样的"竞争氛围"中，羚羊必须学会快速奔跑变得越来越有"战斗力"，才能生存，从而也强壮了自己。

而西岸没有狼这种"天敌"的羚羊，成天养尊处优，没有"忧患意识"，缺乏"奋斗精神"，最终"弱不禁风"。换句话说，是"没有狼"这种"纯净"害了它们。

动物中类似现象比比皆是。

1996年"爱鸟日"这一天，芬兰的维多利亚国家公园应广大市民要求放飞了一只在笼子里关了4年的秃鹰———种敢和美洲猎豹争食的猛禽。然而，这只秃鹰却在3天后死在一片树林的地上。死的原因是，它在笼内被关得太

高鼻羚羊

久，"纯净"得没有一个"天敌"，长年的"饭来张口"让它失去了当初的生存能力。

日本北海道鳗鱼——一种味道独特鲜美的鳗鱼的故事，更能生动地说明这一点。与其他捕鱼者捕到鳗鱼后鳗鱼很快死亡不同，一位老渔民捕到的鳗鱼总是活蹦乱跳的。于是他成了远近闻名的富翁，而其他人只能维持温饱。无人知晓其中的"奥妙"。他在临终的时候，把"奥妙"留给了他的儿子：在整仓的鳗鱼中，放进几条狗鱼——它是鳗鱼的"死对头"；当势单力薄的狗鱼，在"鱼多势众"的鳗鱼追赶下四处乱窜的时候，反而把奄奄一息的一仓鳗鱼激活了！

其实，类似现象并不仅仅出现在动物界。

清朝的八旗兵在早期骁勇无比，但到了清朝中期，就因养尊处优而腐败不堪，失去了战斗能力。许多农民起义之所以在"打下江山"后"昙花一现"，也主要是类似的原因。

"'滥贱'的孩子好喂。"这是一句在中国民间流传的谚语。意思是说，过于娇惯的孩子容易染病死亡，相反，不娇惯的孩子才能健康地存活。

这种说法很容易找到事实例证。改换到同样恶劣的环境中时，通常都是城市里白白胖胖的孩子"弱不禁风"而病倒，而农村黑黑瘦瘦的孩子则"任凭风浪起，稳坐钓鱼船"。

原因很简单，"纯净"的"温室"，没有给娇生惯养的"宝贝"应有的免疫力；而"风浪"却让"滥贱"的孩子乘上顽强的生命之舟，去横渡波涛汹涌的生活之海。

这幅图像投影在许多疾病之中。

美国哮喘病专家保罗·汉纳威，综合奥地利、加拿大、德国和芬兰的研究数据发现，在农场中长大的孩子、在幼儿园的孩子和小年龄的孩子，分别比在人口稠密地区长大的孩子、在家的孩子和小年龄孩子的哥哥姐姐，患哮喘的概率更小。显然，这都与儿童时期接触病原体的数量相关—在相对洁净环境中成长的孩子，患哮喘的可能性更大。

当西方发达国家的旅游者到第三世界国家的时候，与当地的人喝一样水

和吃一样的食物，当地人安然无恙，而他们却上吐下泻。这"水土不服"的原因很简单——富裕的西方人平时"太爱干净"了，他们娇嫩的肠胃经受不起一点细菌或其他异物的折腾。

类似，一些人喝了"生水"若无其事，但另一些人喝了就要拉肚子。原因是，前者比后者更适应"生水"中的"不纯物"——例如细菌。

上面三个事实说明，过分洁净未必是正确的养生之道。这让人自然想起某些不太讲卫生的中国人的口头禅"不干不净，吃了不生病"。这话不是毫无道理，尤其是在婴幼儿时期。当然，这个"不净"，也要注意适度。

无独有偶，专门研究甲型肝炎的斯坦福大学的免疫学家戴尔·乌梅祖，也发现了洁癖与哮喘的关系："一个人如果携带 TIM－1 基因并且感染过甲肝病毒，就可以对哮喘病、过敏症及相关疾病有强大抵御能力。"

其实，"滥贱"哲理也是一个普遍的原理。许多生物因为"滥贱"才能在诸如沙漠缺水、高温或低温等恶劣条件下生长繁衍，而"娇生惯养"的生物们则在这些恶劣条件下"无疾而终"。只穿行在"两点一线"之间的学生或者科学工作者们，由于很少接触社会上的"龌龊"，比那些"社会上的人"更容易"上当受骗"……

从砒霜到尼古丁

一条蜈蚣摆在你面前，你敢吃吗？一个中医对你说："人药吃吧，不但没事，而且病还会好的……"

其实，许多中药都有毒性。砒霜和水银是有名的毒药，雄黄、乌头和附子等，也有毒。

法国文艺复兴时期的医师兼药剂师帕阿苏认为，药物的毒性在于剂量。其实，任何物质都有一个致死量。例如，科学家在研究猝死于"马拉松"的运动员之后发现，死因是过量饮水的"水中毒"——连续过多饮水稀释了人体血液中的电解质含量，从而导致肺和脑积液。再如，在1997年，英国希林登医院又有一个40岁妇女，因过量饮水的"水中毒"而死亡。

帕阿苏的观点，有助于我们扩展药物开发的思路——在"毒药"中去开发新药。以下是四个实例。

几百年来，砷化物都是人和动物的杀手，令人望而生畏。但是，不纯的三氧化二砷——我们俗称为砒霜或白砒，不但内服能治疗疟疾和肺部有寒邪的哮喘，而且外用能治疗疮毒，清除腐肉。而德国药物学家欧立希（1854~1915）发明的著名药物"606"和"914"，都是有毒的砷化物——它们用来治疗梅毒。

现在，科学家发现三氧化二砷对于致命的血液肿瘤——急性早幼粒细胞白血病有显著疗效。于是让它再立新功——在对56例病人的系统治疗中，1/3的病人用到了致死量，结果不仅无一例死亡，反而有87%的患者得到明显缓解，两年

欧立希

生存率接近50%。

"当初在进行这项治疗时，心里很害怕。从没想到我能和正常人一样活到现在。"加拿大的年轻患者安娜说，"这样显著的疗效简直就是上帝的恩赐。从2000年到2003年，我的病情一直处于缓解状态。"主持这项研究的罗伯特教授则激动不已地说："这是一个了不起的突破。砷化物治疗对细胞的破坏，甚至轻于会杀死正常细胞的常规化疗。"

用百分之几盎司（1盎司约合28.35克）的肉毒杆菌毒素，就可毒死100万人，是杀伤力最大的生物武器之一。但它同时又是一种最广泛应用的药品——包括它的常用剂型Botox。这种被提纯的毒素的给药速度是每分钟兆分之几盎司，是致死量的1/70。最初只用于治疗不可控制的眨眼，而目前已广泛用于40余种疾病的治疗——从脑瘫和帕金森等致残疾病，到面部皱纹和多汗等非致命疾病。2003年的研究发现，它对缓解精神分裂症有显著效果。

"除阿斯匹林和青霉素之外，我实在想不出像Botox这样用途广泛的药物。"研究了肉毒杆菌毒素12年的麦克兰迪感慨地说。

"吸烟有害健康"。烟中的尼古丁可以使人的神经和心理依赖成瘾，1/100盎司的纯尼古丁就可致人死命。但是，尼古丁却能使人注意力集中并改善记忆的功能。在人的神经系统中遍布尼古丁受体，这些神经元可以协助调整重要的神经介质—如乙酰胆碱、血清素及多巴胺等的释放。

佛蒙特药学院的临床神经学家布鲁斯说："尼古丁使神经系统保持健康，它是良好的精神药物。"一定剂量的尼古丁缓释片，可以有效改善老年痴呆症病人的症状，使他们的记忆力和注意力得到强化。这些人缺少乙酰胆碱。尼古丁还是患Tourette综合症儿童的福音，这种病与多巴胺分泌过多有关。当给Tourette综合症的孩子服用含尼古丁的片剂后，他们的抽搐和不良情绪都有所改善。尼古丁甚至有助于精神分裂症病人稳定情绪，面对现实，从彻底的绝望中摆脱出来。

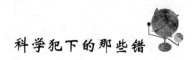

一只蜗牛将自己埋在沙土中，只把鲜艳的外壳和坚硬的附加物露在外面。当一条饥饿的鱼游过来想咬它的时候，蜗牛用它带刺的附加物敏捷地扎向鱼，并喷出毒液，很快使对方瘫痪。

在患慢性疼痛的病人的脊髓间隙中注射 0.08 盎司的蜗牛毒素提取物后，病人的痛苦很快减轻，并获得舒服的快感。包括那些晚期癌症患者，使用蜗牛毒素的效果比使用吗啡的效果要强 100 倍。

……

借助于现代科学，我们对毒药的认识越来越清楚了，尤其是对它积极有益方面的了解和利用。

这些有毒新药的出现，可以帮助我们理解量变质变和事物都有多面性的哲理。

探测卫星为何"失踪"

1998年2月，又一枚火箭腾空而起——运载着一颗探测火星气象的卫星，预定在1999年9月23日抵达目标。

然而，这次美国宇航局（NASA）却失望了——研究人员惊讶地发现，卫星没有进入预定的轨道，而是陷进了火星大气层，很快"失踪"了。

为什么经验丰富的NASA，这次却让卫星"误入歧途"呢?

经过紧急调查，NASA的官员发现问题竟出在卫星的有些资料，没有把计量单位中的英制转换成公制——错误来自承包工程的洛克希德马丁公司。

原来，美国企业——包括太空工业使用英制，喷射推进实验室（国家实验室）则使用公制；承包商理应把英制都转换成公制，以便喷射推进实验室每天两次启动小推进器，来调整太空船的航向。导航员认定启动小推进器的力是以公制的"牛顿"为单位。不料，洛克希德马丁公司提供的资料，却是以英制的"磅"（1磅合454克）为单位，结果导致太空船的航向出现微小偏差。日积月累，终于"差之毫厘，失之千里"。

这个没有把英制转换成公制的"小错误"，造成了巨大的经济和其他损失。例如，这颗造价高达1.25亿美元的卫星，就打了"水漂"!

表面看来，这次卫星的"失踪"，有一定的"偶然性"。但实际上却有一定的"必然性"。那这"必然性"在哪里呢？

原来，美国是现在世界上的三个"孤家寡人"之一——只有它、利比亚和缅甸是全球没有废除英制的国家。由此可见，美国度量衡的"一国两制"，迫使人们无时不进行"换算"，而在大量的"换算"中，"小错误"的次数"必然"增多。从反面来说，如果美国的度量衡不搞"一国两制"，这样的"小错误"就完全可以避免。

这个故事明白无误地说明了一个看似简单，但经常被人忽略的哲理：细节有时决定成败。同时，也看到采用统一的计量单位有多么重要！

所谓计量单位，是将同类量进行比较时的一个约定参考量。

在古代，人们常用身体的某些器官或部位的尺度作为计量单位。例如，在古埃及，人们用中指来衡量人体的身长，认为健美的人的身高，应该是中指长度的 19 倍。

各个国家或地区的不同历史时期，都有各自的计量单位。以长度为例，英尺是 8 世纪时英王的脚长——1 英尺等于 0.3048 米。10 世纪时英王埃德加把自己大拇指关节间的距离定为 1 英寸——1 英寸为 2.54 厘米。这位君王一直沿用了 1000 多年的"码"，则是自己的鼻尖到伸开手臂中指末端的距离——91.44 厘米，定为 1 码。在中国，也有"伸掌为尺"的说法。

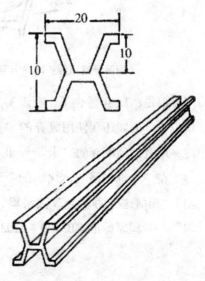

国际米原器：1889 年第一届国际计量大会通过，保存在巴黎

18～19 世纪，随着生产力和科学技术的发展，人们逐渐认识到计量单位必须符合物理学的概念，也发现各物理量之间存在着一定的必然联系，所以它们的单位之间也必然有一定的关系——单位制的概念由此产生。

同时，国际经济和文化交流的日益频繁，使人们感到必须建立一种统一而合理的计量单位制度。

法国首先创立了米制计量单位。1875 年 5 月 20 日，17 个国家在巴黎开会签署了《米制公约》，当年就有 20 多个国家签署了这个公约。会议还决定设立了国际计量局，签约国的最高权力机构是国际计量大会。在 1889 年召开的第一届国际计量大会上，确定了"国际米原器"和"国际千克原器"。

国际统一的计量单位制，促进了国际经济和文化的交流。1960 年第 11 届国际计量大会，通过了"国际单位制"（简称 SI），它是目前世界上最先进、科学、合理和实用的计量单位制。

中国的计量法，规定我国采用 SI。为了照顾人们的习惯，还选用了一些非国际单位制单位（例如"亩"），与 SI 的单位共同组成我国的"法定计量单位"——从 1991 年 1 月 1 日起正式施行。

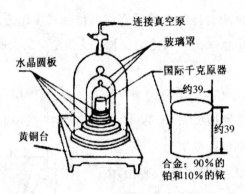

国际千克原器：1889 年第一届国际计量大会通过，保存在巴黎

但是，15 年过去了，在现实生活中，还有许多朋友不重视使用法定计量单位——例如还在使用废弃的"斤"、"公分"等"中国产"的"市制"单位，或者已经废弃的"卡"等非 SI 单位。

在"全球经济一体化"的今天，看见前面那颗卫星"坠入深渊"的"惨剧"，相信这些朋友会改弦易辙，不再搞"一国多制"，而是遵守"游戏规则"——国家标准 GB3100 – 3102 – 1993《量和单位》中的规定。

漫漫沙尘的另一面

"巨大的蘑菇云像原子弹爆炸一样翻滚着，天空似乎出现了亮光，呈现少见的橘黄色"。

1993年5月5日到5月9日，甘肃省武威、古浪、民勤和景泰，内蒙古自治区的阿拉善盟，新疆维吾尔自治区的了墩和鄯善一带，青海省东北部一些地区，遭到特大沙尘暴袭击。这次横扫中国西北4省区的"沙魔"持续时间之长，风力之猛，是中国2000多年历史记载中没有过的。于是，记者有了上面的描述。

中国科学院兰州沙漠研究所副研究员丛自立和中国科学院兰州地质研究所副研究员胡伯良等人，亲眼目睹了这次沙尘暴。

"5月5日这天。天气比以往都晴好，天空湛蓝。下午3时45分，忽然看到西北天空涌出如同原子弹爆炸时的巨大蘑菇云，翻滚着快速向金昌市逼进。约5分钟后，浓重的'烟尘'铺天盖地罩住全市。"丛自立说，"当时四周一片漆黑，伸手不见五指，空气中夹杂着呛人的尘土味，约几分钟以后，天空

含矿石颗和细菌等的真哈维沙漠的沙尘——放大2 500倍

似乎出现亮光，天空和城区呈现出少见的橘红色，不一会儿又是一片漆黑，如此反复了三次。"

骤烈的狂风夹杂着沙石迎面扑来，令人无法正常呼吸。丛自立等人急忙手抱着头趴在地上，沙尘暴卷起的沙石打在他们身上头上"简直受不了"。他们好不容易躲进附近的小屋内，沙尘暴又将牛毛毡的屋顶全部揭走。

据报道，当时天空中持续了20多分钟雷声。

这次沙尘暴造成85人遇难，25人失踪，经济损失超过5.4亿元。

1971年1月，一架波音707客机，在尼日利亚的卡诺机场附近坠毁，机上176人全部罹难，罪魁祸首也是沙尘暴。

......

沙尘暴，是进入21世纪以来让人"谈沙色变"的字眼。例如，2000年元旦7点，铺天盖地的黄沙就把北京的天空染得橙红；3月8日到4月4日期间，来自内蒙古阿拉善地区的沙尘暴5次袭击北京，共造成3人死亡。又如，2002年3月20日北京的沙尘暴，就有3万吨降尘——给每个北京人平均馈赠3千克尘土。

由于土壤的沙漠化越来越厉害，所以有人预言，如果找不到有效抑制沙漠向北京推进的办法，首都将会被沙漠掩盖，成为第二个楼兰。

沙尘暴并不是中国的"土特产"。森林的砍伐、采矿、过度放牧和河流改道，使全球沙尘暴灾害愈演愈烈，来自亚洲和非洲的沙尘暴正携带着细菌、病毒、煤烟、酸性物质和放射性同位素，奔向美国。

沙尘暴所到之处，真是"无恶不作"！

既然如此，我们就应该全力以赴——消灭沙尘暴。

但遗憾的是，沙尘暴是不会被赶尽杀绝的。因为它形成的两个条件——沙源和风是不可能消灭的。这又是为什么呢？

为什么不可能消灭沙源呢？因为我们有可能用高额的费用变一两个沙漠为"绿洲"，但却没有高额的资金来维持——一旦停止向沙漠供水，它就会杀"回马枪"，"绿洲"就会荡然无存。

为什么不可能消灭风呢？因为风是始终存在的地球大气环流引起的。就是它，把滚滚的黄沙带到地球的"每一个角落"。

那大气环流为什么始终存在呢？在太阳的照射下，由于高纬度地区比低纬度地区受热少，所以必然产生温差，这就是大气环流始终存在的基本原因。

既然如此，我们就只有尽量减少沙尘暴的发生和危害。于是，全面认识沙尘暴的课题，已摆在了我们的面前。

事实上，沙尘暴并不是"十恶不赦"的罪犯。它还有功劳呢！

沙尘暴的第一个功劳是能减少酸雨。

我们知道，酸雨污染湖泊和土壤，影响农业，加速对石质和金属等物质的侵蚀作用。

人类大量烧煤后，排出了二氧化硫和氮氧化物。二氧化硫氧化之后，形成三氧化硫，三氧化硫和雨滴结合后就生成硫酸。这样，原本无酸的雨就成了含硫酸的酸雨了。当然，氮氧化物经过类似的过程，也会形成含硝酸的酸雨。

而沙尘中含有丰富的钙等碱性物质。正是这些碱性物质，把酸雨中和了。所以，沙尘暴能减少酸雨。

据说沙尘暴中的化学元素超过38种，所以它的第二个功劳是，滋养了热带雨林和海洋生物。

澳大利亚的沙尘暴，乘着南半球的西风漂洋过海，到了新西兰的火山岛，这些沙粒使当地的土壤更加肥沃。因此，有人把来自澳大利亚的沙尘叫做"澳大利亚出口的珍珠"。

夏威夷群岛则免费收到了来自中国"无偿援助"的"奇珍异宝"——富

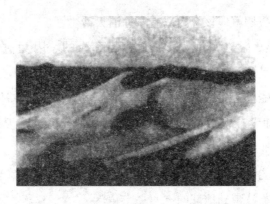
美国内华达州的沙山

含铁和磷的沙粒，成为海洋生物的营养品。太平洋西北部更是由于靠近我国而"近水楼台先得月"——沙尘暴让这里成为海洋生物的天堂。

沙尘暴的第三个功劳是，有利于降雨。

我们知道，只有云中空气托不住的大水滴才会降下来，形成雨滴。这就是说，云中的小水滴必须在"凝结核"上逐渐增大，才会降雨。那么，天上哪里有那么多的凝结核呢？沙尘暴在"飞天"的过程中，大的沙粒因地球母亲的重力召唤，只好回到妈妈的"怀抱"了，只有细沙才能继续在空中飘浮，这些细沙就充当凝结核的角色，给当地带来雨水。

沙尘暴的第四个功劳是，它的"阳伞效应"减弱了全球气候变暖。

我们知道，火山爆发时的火山灰尘可以在空中飘上好几年。火山形成的沙尘可以反射太阳光，从而给地面撑起一把太阳伞。这种阳伞效应使大气降温，从而在一定程度上抑制了温室效应，减弱了全球气候变暖。

虽然沙尘暴和火山爆发不同，但形成了同样的阳伞效应，减弱了全球气候变暖。

最后，沙尘暴的"历史功劳"也不可磨灭。

沙尘暴造就了 42 万平方千米的黄土高原——中华民族的发祥地之一。这里的黄土结构松软，易于耕种，农业容易发展。因此，今天的黄土高原仍有我国耕地的 1/5，养育着 1/5 以上的人口。

我们为"罪犯"沙尘暴的"庆功摆好"，揭示了一个朴素而有时被忽略

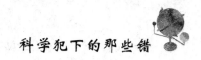

的哲理：事物都有多面性。

事实上，只要我们充分认识自然，合理改造自然，巧妙利用自然，就可以趋利避害，为我所用，甚至沙漠也能成为摇钱树。下面就是一个实例。

甘肃敦煌的沙漠中的鸣沙山和月牙泉，是著名的旅游点。它位于银吴平原——银川平原和吴忠平原的总称，北部的沙湖旅游区是沙漠挺进形成的自然景观。一些电影所展示的大漠风光，也吸引了无数观众的眼球，创造了很高的票房收入。由此看来，沙漠化当然不是好事，但是如果已经形成了沙漠，何不"靠沙吃沙"呢！

此外，在植树造林治理沙尘暴方面，人类也有不错的业绩。例如，北京人担心的"春季沙尘暴"，在 2005 年春却没有"如约而至"。这是由于新造的沙漠植被，已经把内蒙古浑善达克地区的沙粒"软禁"。"直线"距北京 180 千米的浑善达克，有面积为 7.1 万平方千米的沙漠。由于它海拔高出北京 1100 米，所以"居高临下"地撒播了"北京沙尘"的 80% 沙粒。

温室效应也是"双刃剑"

"如果地球温度再上升4℃，世界上所有的冰山都会融化。"世界自然基金会的专家在2003年11月27日说，"许多岛屿将被淹没，淡水将更加匮乏。"

是的，到2100年，意大利著名的水城威尼斯将不能居住。这不是危言耸听，而是2003年9月在英国剑桥举行的一次为期4天的大型国际会议上，世界各国科学家发出的警告。这次有100多位专家参加的会议是由威尼斯的一个慈善机构——"危机中的威尼斯基金会"组织的。

那么，上演这出大型的"地球升温"，致使"水淹七军"戏的是主角，是谁呢？

是"温室效应"（Greefl effects）。

近年来，随着人类环保意识的不断增强，温室效应越来越成为人们的热门话题，也是当今世界亮相最频繁的"科技明星"之一。

但是，无论是芸芸众生，还是新闻媒体和专业刊物，对于温室效应却多有误解。例如，一些人甚至把它看成是"杀人魔鬼"——以致要对它"斩草除根"而后快。

温室效应"杀人"的第一招，是引起全球气候变暖。

气候变暖的弊端之一是冰川消融，海面升高——就像故事开头所说的那样。

事实上，冰川融化早已开始。1987年，一块巨冰断离南极冰原，溅入罗斯海。据预测，到了2035年，海平面将上升1米，使沿海各国的海岸向内陆方向推进30米。此时，大西洋和墨西哥湾沿岸的美国佛罗里达州和路易斯安那州的大部分地区将遭灭顶之灾。随着海平面的上升，低盐度的海湾将被苦

昔日的大岛，在海平面上升以后，成了小岛

涩的海水逐步侵蚀，咸水还将渗入地下蓄水层，污染饮用水。

海平面上升对中国沿海也造成风暴潮加剧、洪涝威胁加大、增加排污困难和港口功能减弱等不利影响。除此之外，还出现盐水入侵、土壤盐渍化和海岸带侵蚀加重等问题。

海平面上升使马尔代夫和汤加等海拔较低的海岛国家，有可能面临灭顶之灾。

事实上，在 2000 年 6 月，由 9 个环形岛组成、陆地面积仅 26 平方千米、人口仅一万多的太平洋岛国图瓦卢，已经呼吁新西兰接纳它的 3000 个居民定居。它和太平洋中的基里巴斯等小岛国，包括曾经作为明显标志给渔民导航的小岛塔拉瓦，已经被海水吞噬。图瓦卢的总理说，海平面上升，已经使一些小珊瑚岛群变得无法居住，大约有 1/3 的居民需要移居新西兰。

气候变暖的弊端之二是夏季酷热。

1988 年，遍及美国中西部和新英格兰等地的高温纪录，一次又一次被打破。俄亥俄州的"热空气罩子"，紧紧捂在克利夫兰和哥伦布等城市上空，使有害人体健康的气体严重聚积，环境保护部门发布了臭氧警报。美国卫生部门规劝大家尽量留在室内，减少体力活动。尽管如此，酷热仍然夺去了许多人的生命。

1994 年夏天，滚滚热浪遍布五湖四海。世界许多地方的最高温超过 40℃，不少地方达到了历史上的最高温。全世界人民生活在"水深火热"之中……

气候变暖的弊端之三是某些地区干旱加剧，严重影响传统农业——包括

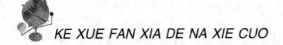

农作物的生长周期、种植的品种等都会改变。

高温使雨量进一步减少，这会给干旱和半干旱的地区带来毁灭性的打击——20 世纪 80 年代初造成的非洲饥荒就是典型的例子。

……

当然，温室效应"杀人"还有第二、第三招……例如引起著名的厄尔尼诺现象等。

不过，正如一把锋利的双刃剑一样。温室效应并非有百害而无一利，让我们举例来看看这个"善良天使"带来的利益。

首先，温室效应使气候变暖，也是"塞翁失马，焉知非福"。

例如，新的研究表明，CO_2 是一种碳肥——某些植物在 CO_2 浓度较高的状况下，生长得更好。而 CO_2 的浓度会因为气温增高而增大。这样的结果是热带和温带向高纬度迁移，把北方的森林推进到现在的冻土带。这样，世界将"更加郁郁葱葱"。由于美国处在北半球，综合考虑适应措施和 CO_2 的碳肥效应之后，它将从气候变暖中获益，所以美国企业界极力阻止总统在限制温室气体（其中包括 CO_2）的国际公约（例如《京都协议》）上签字。

大气中 CO_2 浓度升高使雨量增加，作物的生长期延长，因此农业产量也将随之增长。例如，加拿大小麦地带的作物生长期就从 110 天延长至 160 天。加拿大农业气候专家罗伯特·斯图尔特说："从任何意义上讲，气候变暖对加拿大决不意味着厄运与忧愁！"

气候变暖也将使芬兰、日本和独联体国家得到益处。日本北方的水稻种植面积将比目前增加一倍。独联体中部地区冬小麦的收成将增加 30%，北部地区将增产 10%。

冰岛也是气候变暖的受益者。1951～1980 年，由于气温升高（和降雨量增加），冰岛的种植季节提前了 48 天，收获的干草增加了 60%，牧场的产品增加了 49%～52%。

其次，温室效应是地球上众多生命的"保护神"，是地球上生命赖以生存的必要条件，这是为什么呢？原来，如果地球表面——像一面镜子，直接反射太阳的短波辐射，这些能量将穿过大气层回到宇宙空间。此时，地球的平

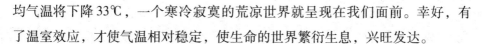

均气温将下降33℃，一个寒冷寂寞的荒凉世界就呈现在我们面前。幸好，有了温室效应，才使气温相对稳定，使生命的世界繁衍生息，兴旺发达。

……

由此可见，与其说温室效应是"恶魔"，还不如说它是"温室警钟"——提醒我们在发展的同时，一定要注意保护环境。我们只要开发新能源，设法减少燃料的使用量，广泛植树造林，禁止乱砍滥伐，有效控制人口，就能减缓温室效应的加剧。

不过，对于全球气温上升使两极冰山融化导致海平面上升的说法，有的科学家不以为然。例如，在1995年，英国爱丁堡大学的萨格登教授在《皇家苏格兰地理学会通讯》上撰文说，他和他的同事在南极洲和巴塔哥尼亚高原进行的实验表明，全球气温上升的速度并不如温室效应气体聚集那样快，其原因可能是一些补偿因素——例如空气中的尘埃微粒增加所致。所以，温室效应加剧→全球气温上升→两极冰山融化→海平面上升→"世界末日"的说法，是危言耸听。

不可忽略的"噪光污染"

"城里的月光把梦照亮，请温暖他心房……"当你在强烈的"城里月光"中沿着"不夜城"的街道，和朋友一起边哼边走的时候，是否意识到了"噪光污染"？

"噪光污染？"没有搞错吧——只听说过环境污染、水源污染、大气污染和噪声污染……难道光还会造成污染吗？

在现代强大电力和高效率灯具的支持下，在"光明工程"的"照耀"下，一些现代城市已经把"黑夜"变成了"白昼"。

那么，这"人造白昼"都是好处吗？

在晴朗的夏日或中秋之夜，如果你远离繁华的大城市，就可以看到辽阔而深远的星空，悠闲地数着那些眨着神秘眼睛的星星。但是，在大城市，你就只能看到少得可怜的星星——它们孤独寂寞而黯然神伤地在"打瞌睡"。

玻璃幕墙反射"城里的月光"让人眩目

使我们不能欣赏"天街夜色凉如水，卧看牵牛织女星"的重要"罪犯"，就是"噪光"——有害的光。"噪光污染"就是它造成的。

国际上一般将噪光污染分成三类：白亮污染、人工白昼和彩光污染。

不少高档商店和建筑物，用大块镜面式铝合金装饰的外墙和玻璃幕墙等形成的噪光污染，是白亮污染。

在夜间，一些大酒店、大商场和娱乐场

所的广告牌、霓虹灯，大城市中设计不合理的夜景照明等，强光直刺苍穹，使黑夜如同白天，是人工白昼。

现代舞厅安装的黑色灯、旋转灯、荧光灯和闪烁的彩色光源，是彩光污染。

当然，我们不能再见"繁星满天"，还有大气污染等原因，而且这也会对我们的健康造成危害。但是，噪光"作案"可不止这一宗。

对人体健康的危害，是噪光污染的第一大罪状。

在人工白昼营造的"不夜城"里，人们难以入睡，人体正常的生物钟被扰乱。

临街玻璃幕墙的反射光影响正常的交通行驶，成为事故隐患；同时，反射光的聚焦还可能引发火灾。

据统计，中国高中生近视率达 60% 以上，居世界第二位。其中主要原因并不是单纯用眼习惯不好，而是视觉环境受到噪光污染。

彩光污染不仅危害眼睛，而且干扰大脑中枢神经，使人出现头昏心烦、恶心呕吐、失眠、注意力不集中、身体乏力、情绪烦躁、性欲低落等症状。据测定，歌舞厅中的黑色灯产生的紫外线，如果长期受其照射，会诱发流鼻血、脱牙、白内障，甚至导致白血病和其他癌变。

例如，2005 年 8 月美国科学家公布的一项调查就表明，夜间光照太强、太长的妇女，得乳腺癌的概率，比普通妇女高出 1.5 倍。

美国一家研究机构曾经公布的一份调查报告显示，全世界约有 2/3 的人被噪光污染。为此，美国还成立了国际黑暗夜空协会，专门与噪光污染作斗争。

干扰生态，是噪光污染的第二大罪状。

数百万年来，地球上的一切生物都繁衍生息在自然光下，而噪光却使它们"乱了方寸"。

科学家发现，一只小型广告灯箱一年可以杀死 35 万只昆虫。长此下去，很可能会严重危及昆虫世界的多样性，从而破坏大自然的食物链——昆虫是其中不可或缺的一环，导致严重的生态灾难。

人工灯光有时可以传到数千千米之外，使不少动物受到刺激，导致夜间也"精力充沛"，从而消耗了用于自卫、觅食和繁殖的力量。于是，某些习惯在黑暗中交配的蟾蜍品种已濒临灭绝。

在大西洋沿岸，新孵出的小海龟通常是根据月亮和星星在水中的倒影而游往水中的。可是，由于地面上的光亮超过了月亮和星星的亮度，使得那些刚出生的小海龟误把陆地当海洋，因缺水而丧了命。在2001年的小海龟出生期间，人们就在大西洋沿岸发现了许多因缺水而死去的小海龟尸体。

有的鸟类迁徙，以星星定向，而城市的"亮星星"却常常使它们迷失方向。一群仙鹤就因为德国马尔堡的灯光广告过亮，结果在城市上空整整盘旋了一夜，最后有100多只精疲力竭坠地死伤。在芝加哥，有一栋高楼，每年有1000只以上的候鸟被它撞死。据美国鸟类学家统计，每年都有400万只鸟和高楼上的"亮星星"——广告灯进行"深度撞击"而死去。

噪光污染容易引起空难。1996年的一个晚上，一架国际航班的飞机准备在南京降落。由于南京环路上的灯光比机场跑道的灯光还亮，这架飞机就径直飞去。好在空中管制员及时发现，才没有酿成空难。

此外，噪光污染还加剧了"城市热岛效应"。例如，深圳市的平均气温在近10年来提高了2℃，相当于把整个城市南移了300千米。其中就有噪光污

火辣太阳找到了"助纣为虐"玻璃幕墙

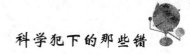

染的"功劳"。

……

对于强光下的这些"黑暗"，我们不禁想起了德国大文豪兼思想家歌德（1749～1832）的名言："光线充足的地方，影子也就特别黑。"

目前，世界各国都在努力减弱噪光污染。

你看，"光明世界"给我们带来的不仅仅是"光明"，还带来"黑暗"。这也是一个朴素的哲理——好，不是绝对的好；坏，也不是绝对的坏。

科技发展的怪圈

为了满足自己提高生活质量的物质需求，人类"征服大自然"的努力从来就没有停止过。随着科技的高度发展，随着炸药的怒吼和挖掘机的轰鸣……森林倒下了，农田也不复存在。毁林开荒、穷猎竭渔、围湖造田、拓矿建都……的结果，一个个怪圈出现了。

"生态怪圈"有多种表现。全世界每年排放的 CO_2，从 100 年前的 0.96 亿吨，增加到 220 亿（一说 80 亿）吨。这不但严重污染了空气，使"蓝天红日"不再，酸雨连连；而且引起温室效应，使全球气候变暖，引出诸如厄尔尼诺等一系列灾害。近百年来，全世界 2/3 的森林已经化为乌有。各种有毒的污水不舍昼夜，进入"母亲"体内，最后奔向遥远的大海；苦不堪言的"母亲"和"蓝色大海"怀抱中的生物，经常死于"儿子"的毒害。物种以每天 130 多种的速度从地球上永远灭绝……这些现象，大大影响着人类的生活质量。

"科技怪圈"主要表现在科学家们以"九天揽月"、"五洋捉鳖"的豪迈气概"征服自然"之后，以为现代科技"无所不能"、"科技发展已到尽头"

被工厂废水污染的河流

之时，却往往无力解决许多看似简单的问题。而且，一些认为"可能"的问题，实际上"不可能"；一些认为"不可能"的问题，实际上"可能"。这些现象，也大大影响着人类的生活质量。

此外，科技的高度发展或生活水平的提高，还引出"伦理怪圈"（例如试管婴儿、克隆人）、"肥胖怪圈"（食品丰富让人肥胖而使生活质量下降）、"增长怪圈"（例如高 GDP 导致可持续发展"打折"）、"分配怪圈"（例如"共同富裕"却使贫富差距拉大）、"消费怪圈"（例如"高消费"导致资源浪费）、"智力怪圈"（例如依赖计算器使智力下降）、"人口怪圈"和"食品安全怪圈"……

我们简单说说后面两个怪圈。

2005 年 4 月 7 日世界卫生组织发表的《世界卫生报告》表明，日本人的平均寿命已经达到 82 岁，居世界第一。这就是人口怪圈——生活水平提高带来的老龄化使人口增速加大，并使生活质量下降。

食品安全怪圈的典型例子是：人类被毒物"包围"，而这些毒物的来源是在食品中加入有毒的"高科技"物质——这些物质因为"高科技"而诞生。世界自然保护基金会在 2004 年的一份调查表明，欧洲人体内至少查出 76 种有毒化学物质，而这些物质在许多消费品中都能找到。

总之，在科技高度发展实现生活水平提高之后，我们却看到了生活质量的下降，而此时高科技却无能为力。这就是"科技发展的怪圈"。

生活质量的下降，还表现在科技高度发展之下使物质丰裕之后，精神生活的畸形——例如道德沦丧。

2005 年 3 月 14 日，重庆开县 45 岁的农民金有树，因为没钱治疗肺炎而死。他是在跳进冰冷刺骨的水中，救起倾覆汽车中的 19 个"阶级弟兄"后因感冒发烧得肺炎的。当他无力支付医院昂贵的医药费，被迫出院而回家呼救的时候，各路"为人民服务"的大军——包括开县的县长和那 19 个"阶级弟兄"，都"沉默不语"了……一个见义勇为的大英雄，就从"阳光明媚"的"天堂"，悲惨地走向"暗无天日"的"地狱"……

把金有树的悲剧完全归咎于科技的高度发展，和发展之后的物质丰裕，

干涸后的"泥鱼鳞"

是失之偏颇的。但不可否认的是，从总体上说，这种发展和丰裕使这个物欲横流的世界更加"认钱不认人"，从而在事实上的确导致或加剧了道德的沦丧——这也是一个怪圈。对此，爱因斯坦曾惊呼："科学越发展越没有人性。"

遮天蔽日的沙尘暴，沙漠化了的草原，石漠化了的山丘，森林越来越小的"肺叶"，干涸的湖泊和湿地，断流的大江大河，汹涌澎湃的洪水，又臭又脏的河水，滚滚而下的泥石流，"呼吸"困难的城市，耕地越来越小的农村……

铁的发现曾经给人类带来铧犁，但也给人类带来了刀剑；同样，原子弹加速了第二次世界大战的结束，但后来却给人类带来核战争的恐怖。丘吉尔就怀着复杂的心情这样评价过斯大林："当他接过俄国时，俄国只有铧犁，当他撒手人寰时，已经有了核武器。"

这一幅幅图像，在我们心中已经不再陌生。何时才能再"让鲜花开遍田野，让沙漠盖上绿荫"？

"才下眉头，却上心头"。为了发展，却要破坏；为了提高生活质量的努力，反而降低了生活质量。人类就这样坐在"过山车"上无限循环着，书写和领略着具有讽刺意味的哲理！

"纳米"有益也有害

"你可以得到一切保护，但鼻子和脸上却不会有白色的道道。"澳大利亚高级香粉技术公司负责产品开发的休·道金斯说。

原来，这家公司在 2004 年发明了"锌净霜"（Zinclear）——一种半透明的氧化锌防晒霜，所用的纳米颗粒和当前已知的最小的细菌一样大。

而 L'Oreal（欧莱雅）公司在他们生产的各种美容膏中，也使用纳米颗粒，从而使化妆品中的滋补成分能够深入皮肤。

体育用品生产商威尔森，则利用纳米技术生产网球球体，使其生产的"双芯"牌网球的运动寿命延长了 1 倍。

……

总之，人类头发直径的 1/80 000——1 纳米，这个不起眼的"小不点"，近年一直是我们关注的"大明星"。

现在，在化妆品、纺织品、涂料、抗菌材料和体育用品等许多方面，都可以找到纳米材料或技术的踪迹。不少厂家和商家，也以"纳米"为卖点招徕顾客，其中不乏骗局。2007 年 3 月"翻船"的"纳米无油烟锅"就是典型

雨天挡风玻璃未涂（左）和已涂（右）DBM 纳米水晶薄膜的效果对比

的实例。但是，这些产品——尤其是直接与人体接触的产品，是否对人体有害呢？对其他生物体和环境是安全的吗？

"纳米颗粒安全吗？"其实，早在2003年，科学家们就开始对纳米技术公开诘问："纳米"是否正朝着一个可笑的、和我们"造福人类"相反的结局迈进？

那么，科学家们为什么要发出这样的诘问呢？原来，纳米颗粒的活动方式非常古怪和难以预料。因为在纳米层次上，量子物理学可以取代一切——而日常生活中的牛顿物理学则不再居于统治地位。"那样大小的颗粒可以随心所欲，想到哪里就到哪里，"2003年春天，发布报告警告"纳米毒素"的技术政策集团ETC执行总裁帕特·穆尼说，"它们可以穿透整个免疫系统，穿透血脑屏障，进入骨髓。"

2004年，英国皇家学会和英国皇家工程学院组成的调查小组的报告，也对纳米的安全性发出预警："游离的纳米颗粒和纳米管可能会穿透细胞，产生毒性。"

英国王子查尔斯也对纳米技术"说三道四"。2004年7月11日，他在英国《独立报》上发表文章，首先是欢迎人类发明和创造了纳米技术，是人类创造力的成功，然后话锋一转——警告这一技术可能对人类带来危害。

查尔斯说这话，是不是已经有了某种关于纳米技术可能有害人类的证据呢？从他的文章来看并没有，只是一种担心。而最有力的证据是拿20世纪60年代曾广泛使用的一种药物"反应停"来做类比。他说，以"反应停灾难"为例，假如纳米技术不造成相似的混乱才令人吃惊——除非进行适宜的管理和谨慎从事。言下之意是，正如当初并没有彻底弄清反应停的药理作用，就盲目地用于孕妇以制止早期妊娠反应一样，结果造成了数以万计的畸形儿诞生。如果在广泛使用纳米技术前，不进行谨慎的观察和论证，就有可能造成类似反应停一样的灾难。

"我们首先需要明确纳米的危害，这样我们就可以避免使它成为类似氟利昂或干洗剂之类的化学品了。"莱斯大学环境工程师梅森·汤姆逊在2004

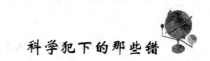

年说。

由于大家对"纳米"的担心，美国国家环保局在 2005 年宣布，他们已经向 12 所大学拨款 400 万美元，用于开展纳米材料对环境和人体可能造成的危害研究。重点研究以下"五大安全问题"：

许多与皮肤直接接触的含有纳米材料的化妆品，会被皮肤吸收和使皮肤中毒吗？

纳米材料进入饮用水有什么后果？

纳米材料对操作者肺部组织有什么影响，以及在通风道中纳米颗粒对动物有什么影响？

已经变成海洋或者淡水水域沉淀物的纳米颗粒，对环境有什么影响？

在什么条件下，纳米颗粒可能被吸收或者污染环境？

那么，纳米技术及产品是否真的有害呢？只能"用事实说话"。

2004 年，美国国家宇航局的科学家邱文兰（Chiu – Wing Lam）做了这样一个实验：将碳纳米管喷到老鼠的肺里，结果他们在老鼠的肺部发现了许多肉芽肿和小结节中毒症状。在休斯敦莱斯大学，研究人员发现，纳米巴基球可以黏合到诸如萘等污染物上，降低污染物的中和速度，并极大地拓展环境中毒素的传播范围。

中国著名纳米科学专家白春礼院士直言不讳地说出了这样一个哲理："任何技术都是有两面性的，纳米技术也可能同样是把双刃剑。我们要做的是，在发展纳米技术的同时，同步开展其安全性的研究，使纳米技术有可能成为人们第一个在其可能产生负效应之前，就已经经过认真研究，引起广泛重视，并最终能安全造福人类的新技术。"

从上面的分析和事实可以看出，纳米材料及产品对人体存在潜在的危害，不能不引起我们的关注！现在是否就成为"纳米消费者"，还值得考虑。

是的，科学洪流减轻了"旱情"，但泥沙俱下，甚至可能引起新的"旱情"。

有鉴于此，我国首批纳米材料标准——包括《纳米材料术语》等七项国

家标准，已于 2005 年 4 月 1 日开始实施。

几年以前，国家标准委员会主任李中海点出了"纳米市场"出现的另一个值得注意的问题。他说，纳米材料在得到社会广泛关注和重视的同时，也出现了虚伪的炒作。一些商家玩弄"纳米技术戏法"，鱼目混珠的"纳米产品"一哄而上，让消费者真伪难辨。国家今后将逐步建立起纳米产品的市场准人和技术标准体系，以确保纳米产品市场的纯洁性和安全性。

电脑 "杀手" 害人身心

"汽车里、办公室里、学校和家庭中、玩具和手表里，电脑无处不在。在有的飞机上，飞行员不必亲自操纵，他们只是'飞行管理员'，监督电脑控制飞行和降落，有能'眼观六路'的机器人和能容纳整个国会图书馆的手提电脑。" 1980 年 12 月的美国《发现》（Dis‒cover）杂志这样写道。

但是，美国作家约翰·里奥同时注意到，很大一部分美国人是"电脑恐惧症"和"技术厌恶症"患者。这些人害怕电脑"会干涉隐私，砸掉饭碗，使伴随电视成长起来的一代读写能力越来越差，使得杂货商更容易欺骗顾客，甚至可能因为技术错误引发第三次世界大战"。

里奥的报告说，领导们尤其讨厌电脑，他们担心如果自己坐在键盘边，会有失身份，也许还会失去得力的助手。

出版商和记者害怕印刷品会退出历史舞台。"的确，报纸便于携带，你无法在胳膊底下夹着电脑赶火车，"里奥写道，"但现在不同了，一个只有掌中游戏机大小的完善的便携式电脑为期不会太远。"

一些科学家说，使用电脑——特别是手提电脑，可能会使青年男子痛失做父亲的机会。因为即使让手提电脑在大腿上只待很短的时间，也会使阴囊的温度升高，导致精子数量大幅减少。

"睾丸之所以位于体外，是因为高温不利于其正常工作。"叶芬·史恩金说。他是纽约州立大学斯托尼布鲁克分校的男性不育和显微外科中心主任、泌尿科医师。

在一项针对 29 名志愿者的研究中，史恩金和他的同事们发现，手提电脑刚在大腿上放了 20 分钟，阴囊内的温度就升高了近 3.6℃。1 个小时以后，温度上升了近 10.8℃。任何超过 3.6℃ 的温度变化都会使精子大量

减少。

长期使用手提电脑还会引起终生的损伤。如果连续多年天天使用，"那么在两次使用之间就没有时间让睾丸功能恢复正常，"史恩金说，"结果往往是不可挽回的。"

专家们还发现，电脑对儿童的危害特别厉害。

美国家庭教育专家、教育心理学博士海莉女士，于2003年在伦敦召开的儿童教育研讨会上发出警告说，电脑对儿童的大脑发育具有阻碍作用。海莉还说，电脑不但不能帮助孩子增长知识，反而阻碍孩子大脑的健康发展，降低他们的注意力，牵制他们的语言表达能力，限制他们身体机能的发育。

当然，电脑对人类的身心伤害，并不仅仅限于儿童。电脑视力综合征（例如眼睛发痒和有灼烧感）、电脑腕管综合征（例如腕关节肿胀和手动作不灵）、电脑脊椎弯曲错位症（例如脊椎侧弯）、电脑狂暴综合征（例如动辄怒气冲天）和电脑失写症（例如不知道怎么用手写熟悉的字）等，在长期使用电脑的成人中，也不鲜见。

上面的研究表明，益处多多的电脑会给我们带来没有想到的身心伤害，这是"利弊往往共生"的哲理。

不过，电脑已经成为当今世界的不可或缺之物，已经和我们形影不离，因此人类就不能因噎废食。"每个人都会接纳电脑，"已经身为全美多家报纸专栏作家的里奥早就预料并写道，"因为我们别无选择。"

因此，正确的做法是，设法避免或减弱它的危害。于是，史恩金和海莉

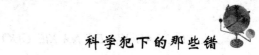

各自开出了药方。"最好的建议就是不要把手提电脑放在大腿上。只要加以注意，这个问题是可以避免的。"史恩金建议说。

海莉开的药方是，家长要让孩子在成长过程中更多地和周围的人打交道，培养他们为人处世及处理各种具体事件的能力，严格控制孩子使用电脑的时间，不要让7岁以下的儿童接触电脑。

而我们为电脑的各种综合症开出的药方是，不要连续长期使用电脑，让身体的各个部位断续得到短暂休息。

军人也要懂科技

第二次世界大战的 1941 年 12 月，希特勒命令德寇从挪威到西班牙的大西洋沿岸，开始构筑被称为"大西洋壁垒"的防线，妄图依仗海峡天险抵挡预料中的英美联军登陆。防线中设置的雷达密如蜘蛛网，密切侦察监视联军的飞机和军舰的活动。

1944 年 6 月 6 日，为配合苏军开辟"第二战场"，最后打败纳粹德国，联军在法国西北部的诺曼底进行了著名的"诺曼底登陆"战役——它是"霸王"行动的组成部分。

为了不让德寇知道登陆的确切地点，联军于 6 月 5 日晚上在多佛尔海峡组织了一次大规模的电子干扰佯攻。在夜幕的掩护下，联军在加莱方向出动了大量的舰艇。舰艇上装载有角反射器——它有很强的反射电波的能力，并拖着涂有铝粉的亮晶晶的大气球。这样，德军雷达观察员就误认为联军的大型军舰来了。

联军还用飞机在天上抛撒了许多银灰色的铝箔条，这又造成有大批飞机掩护联军登陆的假象。

英美联军在诺曼底登陆

另外，联军还在附近海岸空投人体模型来模拟空降伞兵部队，又用一小批装有干扰器和投放铝箔条的飞机，模拟成飞向德军驻地的大规模轰炸机群。

联军的干扰时间长达三四个小时，成功地欺骗了德寇的"眼睛"。于是，德寇调集大量部队、舰船和飞机在加莱等地区重新设置新防线。

那德军为什么会上当呢？原来，这些从天而降的大量铝粉或铝箔条，和飞机、军舰上的金属一样，也能反射德军发出的无线电波。德军雷达接受到铝粉或铝箔条反射回来的无线电波以后，就误以为是飞机和军舰来了。

在"调虎离山"成功以后，6月6日晨1时，以艾森豪威尔（1890～1969）为最高司令的联军，向诺曼底半岛发动了闪电战……

7月24日，诺曼底登陆战役以联军的胜利结束。

当然，诺曼底登陆远不止用上"铝欺骗"来调虎离山这一个计谋。于是，英国首相（任期1940～1945，1951～1955）丘吉尔（1874～1965）在提起这"与狼共舞"的时候，曾幽默而不无得意地说："战争中的真理是如此宝贵，以致要用谎言来捍卫。"

同样是在第二次世界大战中，还有另外一个无线电波的故事。

在纳粹德国的众多年轻报务员中，有一个学生出身的青年，名叫布鲁克。由于他勤奋好学和工作认真，很快就调到前线兵团团部工作。

一天，布鲁克正在前线军团无线电台工作室值班。前沿战火纷飞，杀声震天，报告战果、下达命令，都由报务员来完成。整个工作室一片嘈杂，无线电的呼叫声和机器的运转声交织在一起，显得特别忙乱。一会儿收报，一会儿发报——布鲁克忠于职守，忙得不亦乐乎。

"布鲁克，快！"

这时，一位德军参谋长送来一份特急电文，要布鲁克将其他电文放一放，先把这份命令前沿部队马上从阵地上撤下来的特急电文发出去。

就在这个命令将要发出去的紧急关头，突然无线电的耳机里一点声音也没有了。

"哎呀！耳机怎么成了'哑巴'了？"布鲁克急忙检查各种仪器。但是，仪器运转十分正常。

苏联当年的 KOHYC 型测高雷达

耳机中一点声音也没有，命令怎么下达？布鲁克继续声嘶力竭地呼叫着，嗓子都喊哑了。不过，无线电台仍然毫无反应。

布鲁克又赶紧旋动旋钮，接着又改变了频率。但是，情况依然是"外甥打灯笼——照舅（旧）"。

几分钟以后，与军团司令部联系不上的前沿德军不知所措，最终整个师团一个不漏地被俘虏。战役也以德军失败告终。

战役结束以后，布鲁克被德军军事法庭判处死刑，立即执行。布鲁克在大呼"冤枉！冤枉"声中"糊里糊涂"到了地狱。

布鲁克的"糊里糊涂"，不是他不明白他没能发出命令，而在于他——还有军事当局都不知道，太阳耀斑爆发以后，太阳发出的各种射线如"神兵天降"，无线电波彻底受到干扰，于是耳机就鸦雀无声了……

这两个故事给我们的哲理不完全相同，但以下两点却是相同的：人的主观能动性在战争中多么重要；科技在现代战争中多么重要，而且当没有认识到它们——例如金属铝也反射电波和太阳耀斑对无线电波的干扰的时候，就会打败仗。

又恨又爱的静电

"轰！轰！轰！"

1979 年 8 月的一天，连续三次剧烈的爆炸声，把中国某厂的工人惊得目瞪口呆——而他们看到的，是精密车间里的一片火海。

原来，在这个厂的精密车间做大扫除的时候，工人们为了把水磨石地面上的油污擦净，就把航空汽油淋洒在地面上，再用拖布擦拭。但是，正当他们欢快地哼着"嘉陵江上迎朝阳，昆仑山下送晚霞"的时候，爆炸声响了……

虽经奋力抢救，还是发生了死伤数人的重大事故。

这种事故不只发生在工厂中。

1967 年春的一天，侵越美军的一架满载伤员的飞机，马上就要在越南西贡市机场降落了。在快要接近地面的时候，突然一声山崩地裂一般的巨响，结果机毁人亡……

情报专家、武器专家和机械专家们赶到现场，调查爆炸原因。

那么，实施这两起爆炸的"凶手"是谁呢？经过科研人员的认真鉴定，原来"凶手"是被大家忽略了的静电！例如，后一起爆炸就是由飞行员身上的化纤毛衣产生的静电引起的。原来，这个飞行员从危险的前线"回家"，心情舒畅，就在快着陆、机舱温度较高的时候，脱去化纤毛衣，从而和身体摩擦产生静电。

"罪魁祸首"静电要成功爆炸"作案"，必须具备三个条件：有易燃易爆物，有火源并能点燃这些物质，点燃后会造成破坏。车间里已具备前两条。这时，一位女工穿着一双新的泡沫塑料凉鞋，走路时产生的电荷泄放不掉，人体电位越来越高。当她走近一条立在地面上的铁管，在她的脚触及铁管的刹那间，人体的静电对地放电，静电火花点燃了室内的汽油蒸气……

固体绝缘材料受到摩擦后会起电，是人们熟知的现象。天气干燥时，脱化纤衣服时，能听到噼啪放电声，黑暗中还可看到放电火花。走路的时候，塑料鞋与地面摩擦，也会起电。这类现象，天天都有。例如，一位工人脱下工作服，想洗去上面的油污，就扔进一盆汽油内，顿时衣落火起——工作服上的静电对汽油发生放电火花，点燃了汽油。

在工业生产中，要处理大量的绝缘物——例如油品、试剂、塑料、火药、橡胶、硫黄，乃至纸张、果壳或药品等，如果处理量过大，都会产生很强的静电。

要想使绝缘物不产生静电，几乎是不可能的。

那么，该怎样防止静电灾害呢？

一般来说，介质起电跟介质的性质、流动速度、介质与其他物体接触面的压力等有关；放电火花的强弱还跟介质的数量、设备的结构等因素有关。因此，人们就可以通过适当降低流速、减小接触压力、减少介质流通和改进设备结构等方法，减少介质的起电和减弱放电火花。

另外，任何易燃易爆物质都存在一个"最小放电点火能"，当静电火花的能量低于它的时候，介质就不会被点燃。因此，我们就可以在事前减小静电火花的能量，避免静电灾害。例如，有的载货汽车，就在后面拖着一条铁链"尾巴"，随时泄放静电——它是因绝缘的橡胶轮胎和干燥地面摩擦而产生的。

当然，消除静电危害是一个世界性的难题。在这方面，中国科学工作者做出了重要的贡献。1999 年，刘尚合教授荣获 1998 年国家科技进步奖的一等奖。他获奖的项目——防静电危害技术研究，就是这些重要的贡献之一。

1983 年，在军械工程学院上物理教学课的刘尚合，曾被一连串静电灾难震惊：中国北方某厂的静电爆炸造成 27 死 235 伤，工厂变成废墟；之后不到3 周，荷兰等国的 3 艘 20 万吨油轮相继因静电爆炸，葬身鱼腹。于是，他怀着沉甸甸的责任感，放弃了已经从事10多年的半导体离子注入研究，毅然迈入"静电与弹药"这个危险而陌生的领域。经过10多年的艰苦奋斗，终于迎来了"鲜花盛开"的时候。

讲到这里，你也许会认为静电只是一个不折不扣的"魔鬼"。其实，这个"魔鬼"也是一个能做好事的"仙女"哩！

科学家经研究发现，高压静电场中的物质，温度会降低—这就是"静电冷却现象"。20世纪70年代，美国就用这个现象发明了"静电焊接冷却技术"。把这个技术用在飞机的翼销焊接中，不但提高了焊接质量，还简化了焊接工艺。这个技术还用在金刚石刀具上，用来降低切削时的温度，从而延长它的使用寿命。此外，用等离子方法在材料表面进行熔融金属沉积的时候，也可以用这个技术来迅速冷却这些熔融金属，使得材料表面的敷层分布均匀，消除收缩空隙。

让灰尘带电，再用"异种电荷互相吸引"的原理，把这些灰尘吸走，就制成了静电捕集烟尘器。用它吸尘，可以净化空气，保护环境，回收有用物质。

此外，这个"仙女"还在许多领域大显神通。例如，采用静电复印机可大大提高复制速度。用静电可以选矿和选种，还有静电植绒、静电防腐、静电冷却、静电集尘、静电除垢、静电涂敷（例如油、油漆）和静电分离等。静电离合器也是静电的应用之一。而在2006年下半年，日本科研人员

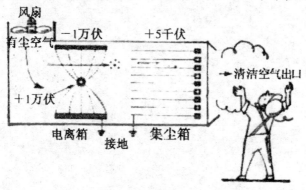

利用静电集尘原理的静电空气净化器

则架起高压静电网，来杀灭试图入侵温室的害虫。这种杀虫方法不但效率高（入侵的害虫90%被吸附在静电网上被饿死），而且减少农药用量，利于环保。

研究静电的功过和对策，是现代静电学的主要内容。

"魔鬼"可以变成"仙女"，"仙女"就是"魔鬼"的另一个侧面，这是科学的哲理，也是全部生活的真理。剧毒的砒霜不也是一种中药么？一个硬币不是有两个面吗？

发明家不等于企业家

1956 年，三位美国物理学家、发明家肖克莱（1910～1989）、巴丁（1908～1991）和布拉顿（1902～1987），因为在 1947 年 12 月 23 日发明第一只晶体管——锗材料点接触型晶体管，荣获诺贝尔物理学奖。这里要讲的是，肖克莱弃"科"从"商"，最终"败走麦城"的故事。

肖克莱出生在英国，但长住美国。在 1936 年获得马萨诸塞州理工学院的博士之后，这位理论上造诣较深的固体物理专家，当年就来到贝尔电话实验室工作，一直到 1942 年，才转到美国海军反潜作战研究小组，并工作到 1945 年。1945～1954 年，他担任贝尔电话实验室固体物理研究所主任，晶体管就是在此期间发明的。

1949 年，肖克莱提出了 PN 结理论，使结型晶体管得以诞生，这"更上一层楼"的发明，使晶体管走向更实用的阶段，逐渐得到广泛应用。肖克莱自然预料到晶体三极管会被社会广泛需求，因而商业前景不可限量。

铁打的营盘流水的兵。在这种背景下，肖克莱于 1954 年辞去了贝尔研究所的工作，来到了他的故乡——加利福尼亚州的硅谷，寻求发展。他在

巴丁

布拉顿

肖克莱

硅谷瞭望山创办了肖克莱半导体研究所——一家商业性企业。1956 年开始，肖克莱录用了他的 8 位追随者担任助手——这些 30 岁以下的青年科学家都是从美国东部陆续来这里放飞梦想的。其中著名的有：1959 年发明集成电路的罗伯特·诺依斯（1927～），1964 年提出"摩尔定律"——"集成电路上被集成的晶体管数目将以每 18 个月翻一番，价格减半"的摩尔（1929～）。

那么，肖克莱为什么要到硅谷呢？从 19 世纪末到 20 世纪 50 年代以前，这个名叫圣克拉拉的地方，还是美国加利福尼亚州旧金山附近一处不起眼的水果产地。然而，这里却与电子技术有天然的渊源——当年李·德·福雷斯特（1873～1961）正是在这一地区的帕洛阿托（Palo Alto）发明电子管的。当 1971 年《微电子新闻》编辑霍夫勒（D. Hoefler）将此地命名为"硅谷"的时候，这里已经变成了微电子技术的发祥地和计算机革命的摇篮。

硅谷的崛起主要得益于斯坦福大学。1891 年 10 月 1 日，美国铁路大王利兰·斯坦福（1824～1893）为悼念早逝的独子小利兰·斯坦福，创建了这所莘莘学子向往的大学。他斥巨资购买了 5 万公顷的大片牧场的斯坦福大学，就坐落在帕洛阿托。

20 世纪 30 年代初，电气工程系教授弗雷德里克·特曼（F. Terman）出任斯坦福大学副校长。他在麻省理工学院的导师正是第一台模拟计算机的发明者布什。布什对学生们一再强调："大学不应该作为专修学问的象牙塔，它要成为开发和应用科技成果的大本营。"

特曼走马上任以后，就把这一思想付诸实施。他从老斯坦福赠给学校的土地中划出 579 英亩（1 英亩约合 4046.86 平方米），创建一个高科技的"斯坦福研究园区"——以斯坦福大学为中心，集研究、开发、生产和销售于一体的工业园区。这就是后来闻名于世的"硅谷"，特曼也因此被公认为"硅谷之父"。

20 世纪 90 年代后期，硅谷云集了 7 000 多家电子和电脑企业。新闻记者惊讶地写道："这里的人远远不只是把沙子变成黄金，他们是在把沙子变成智能"。

肖克莱煞费苦心经营着自己的企业。然而，在贝尔电话实验室搞科研和在自己的研究所里从事商业活动，毕竟是两码事——甚至有天壤之别。肖克莱不会做生意，对如何开发他的发明，又如何使企业赚钱；如何与对手竞争，又如何与同事们和谐相处共商大计，他基本上都是外行。对此，特曼评论说："肖克莱在才华横溢的年轻人眼里是非常有吸引力的人物，但他们又很难跟他共事。"

电脑史中的一个趣闻是，1957年，在罗伯特·诺伊斯的带领下，8位青年——后来被称为"8个天才'叛逆'"一起离开肖克莱"叛逃"，决心自己创办公司。

肖克莱的企业成了纯学术和纯科研机构，而不是一个名副其实的商业实体。没过几年，助手们逐渐意见纷纷，一个个离他而去。企业不但没有新的发明，反而老本亏损，一天天入不敷出，最终难以支撑，结果被另一家公司收购。

"知识就是金钱"，但知识不会自动摇身一变变成金钱，而通常要经过知识→技术→产品设计→实验试制→申请专利→中试→小批生产→试销→改进→大批生产→进入市场的复杂阶段。

在今天，也有一个"神州版"的肖克莱一王全杰。这位当今中国皮革界的科研顶尖人物，取得了一系列皮革方面的创新成果，并凭借这些成果去

8个天才"叛逆"

8个"叛逆"中的两个重要人物：诺伊斯（左）和摩尔

"半下海"——兼当了一家皮革企业的总经理和董事长。虽然起初企业还红极一时，但结果却发现自己并不是搞管理的料——例如不忍心惩罚发出两只空箱子到纽约的"麾下"，接着就是效益下滑和亏损。加上"下海"和科研（兼带研究生）的时间冲突等原因，最终收回了伸进"海"里的那一只脚——先后辞去总经理和董事长职务。回到皮革科研领域。在 2005 年 11 月 10 日夜，中央电视台第 2 套节目对此做了详细报道。

肖克莱"下海"失败揭示的哲理是，他没有在自己最擅长的理论研究领域大显身手；相反，却在一个并不熟悉的领域——商业和企业领域去另起炉灶。他当时并不明白，自己虽有杰出的科研才能和一定的领导才能，却没有优秀的经营才能。科学家和发明家并不等于企业家和成功的商人，因为各是各的"学问"。因此，每个人都应找准自己在社会中的坐标，才能有所作为；用人者也应根据这一原则才能使下属"各显其能"。如果要牛顿去做生意，未必能有世人共知的辉煌。

人都有长处和短处。有的擅长理论研究，有的擅长实验制作；有的擅长科学活动，有的擅长生产经营或社会活动，等等。因此，设计自己，抉择职业时应扬长避短，以免发生肖克莱那种失败。在这方面，爱因斯坦拒当总统的故事，能给我们以启迪。爱因斯坦的终身好友、以色列第一任（1848 ~ 1952）总统魏茨曼（1874 ~ 1952），在生前就曾表示，愿意把总统职位让给爱因斯坦。但爱因斯坦婉言谢绝了："我整个一生都在研究客观事物……缺少与

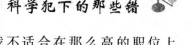

人民和谐相处、行使官方工作的经验……我不适合在那么高的职位上任职……"

梅雷迪思说："生活是不会在我们前头设置路标的。"所以，有时抉择是否正确并不是未卜先知的，只有在失败后才会发现原来抉择的失误，这时就应及时改弦易辙，当好"事后诸葛亮"，以避免再次失误。

磨亮梭镖（学好"打天下"的本领）、找准坐标（摆正在社会中的位置）、定好目标（确定奋斗方向）和修正航标（调整前进的航向），是人生的四件大事，人人都要好好把握。

大师们的盲目乐观

从 16 世纪末意大利伽利略创立现代科学研究的方法论开始，经过其后英国牛顿、法拉第、麦克斯韦等科学巨匠的努力，物理学中的力学、光学、热学和电磁学已高度发展，各自建立了完整的体系。在一些科学家眼里，由这些成就构成的清晰画面表明，"物理学的大厦"已经基本建成，虽然大厦上空尚有"黑体辐射"和"迈克尔森—莫雷实验"两朵"乌云"。

这种盲目乐观在 20 世纪到来时显得更为突出。

当时物理学界最有地位和权威的英国皇家学会会长开尔文（1824～1907），于 1900 年 4 月 27 日在英国皇家研究所发表了一篇讲演，题为《在热和光动力理论上空的 19 世纪乌云》。他的讲演认为，物理学的大厦已经基本建成，而这两朵乌云可以在 20 世纪初消失。

德国物理学家普朗克（1858～1947）年轻时曾向他的老师、德国物理学家冯·约里（1809～1884）表示要献身物理学，但老师却劝他说："年轻人，物理学是一门已经完成了的科学，不会再有多大发展了。将一生献给这门科

开尔文

普朗克

劳厄

迈克尔森

学，太可惜了。"

　　和开尔文、冯·约里等人类似的"病人"还有：德国物理学家劳厄（1879～1960）、美国物理学家迈克尔森（1852～1931）等。劳厄说，经典物理和经典力学已"结合成一座具有庄严宏伟的建筑体系和动人心弦的美丽殿堂"；而迈克尔森则说"绝大多数重要的基本原理已经牢固地确立起来了，下一步的发展看来主要是把这些原理认真地利用"。

　　总之，在这些物理学家看来，物理学的大厦已基本建成，以后物理学的发展不过是做些修修补补的工作。例如把已知公式中常数的小数点后的数字多算出几位，或通过实验再测得准确些而已。

　　物理学的大厦真的建成了吗？物理学真的不会再有大发展了吗？完全不是。

　　事实上，在19世纪末，随着1895年X光、1896年放射性、1897年电子、1898年钋和镭的放射性的发现，"原子的大门"已经被打开，原子不可分的观念已经被摧毁，原子物理学——物理的一个重要分支成了一个崭新的研究领域。这时的物理学上空，已不只是两朵乌云，而是危机四伏，山雨欲来风满楼了。在19世纪和20世纪之交，古典物理学领域中，几乎没有一条原理、没有一个基本概念不受到怀疑和重新审查，以往一向被看做天经地义、万古不变的物质不灭、能量守恒、原子不变、时间绝对、空间绝对和运动连续等定理，都产生了动摇。这些迹象表明，物理学面临的不仅仅是一场危机，

庞加莱

而是一场伟大的革命，正如列宁所说："现代物理学是在临产中。"

接下去的故事是，由两朵乌云化作革命的狂风暴雨，以摧枯拉朽之势使物理学的大厦轰然坍塌，诞生了相对论力学和量子力学。盲目乐观者目瞪口呆，无言以对。

真是无独有偶，在数学界，也同时有这种盲目乐观的人。

1900 年，第 2 次国际数学家大会在巴黎召开，著名法国数学家、物理学家庞加莱（1854～1912）在会上乐观地声称，今天我们可以说，数学绝对的严格性已经达到了。

庞加莱的乐观也不无道理。历经两次"数学危机"，19 世纪奠定数学基础的分析学不断取得重大进展，微积分有了坚实可靠的基础，集合论的发展和皮亚诺公理体系的确立，自然数理论进而全部数学理论就都可从皮亚诺公理系统出发，并借助于集合论概念和命题得到建立。集合论的概念是逻辑概念，而逻辑理论应该是没有矛盾的。这样，数学的基础归纳到集合论而坚实无比，大部分数学家也和庞加莱一样极为满意。

然而，庞加莱的话音刚落。就在 1901 年 6 月，从英国数学家、哲学家罗素（1872～1970）发现"罗素悖论"开始，一系列动摇数学基础的悖论相继

罗素

哥德尔

被发现，从而爆发了至今还没有完全克服的"第三次数学危机"。在克服这次"危机"的过程中，诞生了三大数学流派。随着 1931 年奥地利数学家哥德尔（1906～1978）给出的两个"不完备定理"，人们寻找可靠数学基础的努力全部化为泡影，庞加莱"数学绝对的严格性"也消失得无影无踪！

物理学界的开尔文、数学界的庞加莱，如此巧合地都在世纪之交的 1900 年盲目地认为各自领域已大功告成，这是偶然的吗？他们的失误对今人又有何启迪呢？

这不是偶然的。如果从古希腊以"科学精神"执著地探索自然开始，已有 2000 多年了。17、18、19 世纪，这三个世纪的成就更使科学家们激动不已，诸如发现海王星显示出牛顿力学无比强大威力的例子在人们头脑中已屡见不鲜。于是人们得意地认为大自然已基本在人类的掌握之中了，这时，盲目乐观也就在所难免了。

其实，1944 年诺贝尔物理学奖得主、美国物理学家拉比（1898～1988）就说过："物理学家是人类历程中的彼得·潘，他们永远不会成熟，他们永远怀有好奇心。"彼得·潘是苏格兰剧作家和小说家巴里（1860～1937）所著的幻想剧本《彼得·潘》中的主角——一个永远长不大的孩子。这个剧本于 1904 年 12 月 27 日首次在伦敦公演以后，曾轰动一时，每年的这一天都要在伦敦重演。事实上，即使进入 21 世纪的我们，也没有任何值得乐观的理由——现今各领域的"乌云"不止两朵，而是漫天密布。以物理学领域为例，著名学者艾小白在 1997 年第 5 期（内页误为第 4 期）中国《自然杂志》上，就提出了 97 个至今未解的难题——说不定哪一个难题的解答，就会对当今人们认为"完美"的学说以"毁灭性"的打击。又如，爱因斯坦的光速不变原理在近年也受到挑战。因此，驱散乌云，揭示大自然的奥秘，让科学的天空艳阳高照，既是我们在有限时空内不可达到的目标，也是人类孜孜不倦的追求。这种思想，对克服急于求成和急功近利，或者克服悲观失望的不可知论，都是有

拉比

法布和他的《昆虫记》

益的。

这些大师的失误启迪我们，任何人类已经认识到的自然规律，都仅仅是认识道路上的"一段"，没有理由认定这些规律是一切自然现象和规律的基础，更不是它们的总和；在对自然现象的不同认识、不同解释中互相补充、互相促进，才更符合科学发展的自身规律。一切妄自尊大、盲目乐观都是有害的。1999年5月退休的美籍华裔科学家杨振宁（1922～　）于1999年6月2日在北京师范大学也说，那种认为20世纪末科学已发展到顶峰的观点是错误的，还有许多新东西要我们去探索。用爱因斯坦的话来说，则是："科学决不是也决不会是一本写完了的书。每一次重大发现都带来了新的问题。"

当然，我们不必为这些失误惴惴不安。法国昆虫学家法布尔（1823～1915）在他的《昆虫记》一书第7卷中，就为我们找好了"借口"："不管我们的照明灯能把光线投射到多远，照明圈外依然死死围挡着黑暗。我们四周都是未知事物的深渊黑洞，但我们应为此而感到心安理得，因为我们已经注定要做的事情，就是使微不足道的已知领域再扩大一点。"

古罗马帝国为何灭亡

　　约公元前265年，罗马人征服了整个意大利半岛，此后又向地中海其他地区扩张。在与北非迦太基帝国进行了布匿战争之后，消灭了迦太基。然后又挥师东进，所向披靡。到公元前约30年，建立了强大的古罗马帝国——版图横跨欧亚非大陆。著名的盖厄斯·儒略·恺撒（公元前100～前44）和奥古斯都·恺撒（公元前63～公元14），就是强大的罗马人的象征。然而，经过一二百年之后，很快走向衰败，最终于476年灭亡。鼎盛的罗马帝国为什么只"昙花一现"了500年呢？

　　古罗马帝国衰亡之谜，自然不止一个谜底。例如，古罗马人崇尚武力，对科技的重视远不及古希腊人。又如，两次大瘟疫的沉重打击。第一次，是发生在165～180年间的"黑死病"，即后来所说的鼠疫，导致罗马本土约1/3的人魂归天堂。第二次，是发生在206～211年间的传染病，又有数以万计的罗马人命丧黄泉。接着，就是古罗马帝国的迅速衰落。

　　一些科学家说，古罗马帝国的迅速衰落，是铅污染的牺牲品。因为他们在古墓中发现，出土的尸骨上常有硫化铅的黑色斑点，这是铅中毒的证据。他们认为，古罗马贵族喜欢用象征富贵的铅制瓶、杯、壶、锅等器皿，以及含铅粉的化妆品（可以使女性的皮肤变得白嫩）、墙上含铅的涂料、铺设在房

古罗马人不懂连贯器原理。怕水流到低处后不再流回高处。修的
水道都均匀地向下倾斜；为了达到这个目的，水道被架在高空或者
用铅管绕一个弯来连接

顶上的铅制瓦，从而导致慢性中毒。而把蜂蜜放在铅制器皿中加热，还可以
止泻医治疾病。当然，古罗马人喜欢用铅制器皿，还有另一个原因，就是铅
不会产生铜制器皿那样的"铜绿"。他们甚至把铅粉直接加进爱喝的葡萄酒
中，来除掉其中的酸味和使味道变得醇香甘美。

当然，古罗马的平民们是不能"享受"这些含铅用品的，但是当时的钱
币、焊剂、输送饮水的管道，却是用铅做的。输水管道一方面使微溶于水的
铅直接进入人体；另一方面饮水中的二氧化碳会与铅管内壁反应生成极微溶
于水的碳酸铅而进入人体，引起骨骼的慢性中毒。罗马人当时拥有最"先进"
的给排水系统，一条长达100千米"横空出世"的名为阿克瓦·马尔齐亚的
大水道就是明证。君主、臣民的健康受到铅污染的危害，灭亡也就顺理成
章了。

据统计，从奥古斯都·恺撒大帝开始的大约两个半世纪内，共有30个皇
帝统治过古罗马帝国。考古学家发现，其中约有19个皇帝特别嗜好用铅容器
烹调食品，而且都对铅含量高的葡萄酒嗜爱成癖。在古罗马特洛伊贵族35名
结婚的王公中，有半数不能生育，另一半生的孩子中几乎全是痴呆或低能儿。
此时已经找不到"优秀"的嫡亲可以继承皇位了！于是，安东宁斯皇帝为了
"拯救罗马帝国"，提出了选取"健康聪明的贵族"当皇帝的建议。但此时已
经"无优可选"。例如，当皇位传到马康斯奥里尼斯的时候，皇后却生下了白
痴康美大斯。但他还是坚持把皇位传给了这个白痴。其实，这既是他封建皇
权观念的体现，也是无奈之举——贵族中再也没有比这个白痴更优秀的人选

了！据估算，罗马统治阶层每人每天吸入的铅，来自空气和水中分别约0.5微克和5微克，来自食物和葡萄酒中的则分别高达60微克和180微克，总数约245微克。这已大大超过现今世界卫生组织规定的每人每天允许吸入45微克的标准。

不过，受到铅污染，并不是古罗马人的"专利"。例如，在2005年，美国科学家对德国作曲家贝多芬（1770～1827）头发的检测表明，他的头发中铅含量超过正常值100多倍。并由此断定，他后半生饱受耳聋等疾病严重折磨（曾在1802年写下遗书想自杀）和早逝的"凶手"，不是此前猜测的汞，而是铅，其中就有铅输水管道的"功劳"。所以，贝多芬并不欢乐——虽然他为同国的诗人席勒（1759～1805）的诗《欢乐颂》谱曲而传唱至今。于是，才有了法国作家罗曼·罗兰（1866～1944）那无与伦比的精彩名言："贝多芬并没有享受过欢乐，但他把欢乐奉献给所有的人。"

到了现代，随着工业的发展，铅污染更是不可忽视。

第一种铅污染源是汽油。"爆震"，是介于燃烧和爆炸之间的一种现象，会直接使汽车的汽缸等相关零件寿命大减，还会使效率大大降低，增加油耗。这就是被称为严重地阻碍汽油机发展的"爆震障"。为了防止爆震，美国通用汽车公司研究实验室的托马斯·米格莱（1889～1944）、鲍义德（T. A. Boyd）和查尔斯·凯特林（Charles Kettering）等，于1921～1922年在汽油中加入少量无色有剧毒和芳香味的油状液体四乙基铅［分子式为Pb（C_2H_5）$_4$］。

贝多芬

凯特林

但是，掺入汽油中的铅，只有约20%被用来抗爆震，其余约80%都随汽车尾气排放到大气之中而形成了铅污染。据估计，全球每年仅此一项排入大气的铅就超过25万吨，占大气总铅污染的60%。而面积则覆盖整个地球，连"冰清玉洁"的南北极也不能幸免。例如，瑞典科学院曾对斯德哥尔摩市中心一座公园内的几棵400岁以上的老橡树进行过研究，发现树中铅含量在19世纪仅为0.01ppm（1ppm = 10^{-6}），到20世纪中叶增加了一倍，到20世纪70年代末则增加了10倍。而在"汽车轮子上的国家"——美国，国民平均吸入的汽车尾气中的铅，比东方人多好几倍。

为了改变含铅汽油造成的铅污染，人们已经找到了替代物——无铅汽油。例如，日本和美国分别在20世纪70年代初和1975年开始生产无铅汽油，又分别在1975年和1988年实现了汽油无铅化。美国国会还于1990年11月立法规定严禁在美国使用含铅汽油，欧共体在1991年也颁布了用无铅汽油的规定。到1994年，世界上已有约99%的国家禁止使用含铅汽油。中国石油部门也在1991年颁布了"无铅车用汽油"的国家标准，一些大城市相继规定必须使用无铅汽油，例如北京在1997年1月1日就禁用含铅汽油。

第二种铅污染源是油漆和一般油墨。四氧化三铅（俗名铅丹或红丹）、碱式碳酸铅（俗名铅白或白铅粉）、铅铬黄（即铬黄）、铅铬橙（即铬橙）等油漆原料中都含铅。为了防止这类污染，许多国家规定不准在油漆中加入含铅成分。例如，英国在1981年就立法作了这种规定。

说到油漆铅污染，还有一个故事。在巴黎东郊建于1948年前的陈旧住宅里，住着一些城市贫民和来自北非等地的移民。这里的儿童经常发生一种怪病：突然惊厥、昏迷，甚至不明不白突然死亡。经过对102处住宅调查后发现，这些住宅内30%的儿童血液中的铅浓度达到150微克/升，超过"严重铅中毒"的标准100微克/升。那么，这些铅从何而来呢？原来，这些房屋年久失修，墙上油漆剥落，孩子们常把剥落的漆片放到嘴里咀嚼而进入血液。那他们对漆片为何"情有独钟"呢？原来，漆片是甜腻腻的，嚼起来"味道好极了"，孩子们不知道它是"甜蜜的杀手"。

第三种铅污染源是饮用水。1971年，世界卫生组织规定的水质标准中，铅含量应小于 0.1ppm，而铜、镉、汞则分别为 0.05ppm、0.001ppm 和 0.001ppm。通过输水金属管道进入水中、通过其他污染源在入管之前进入水中的铅都是水中铅的来源。

第四种铅污染源是药物，特别是中药。例如铅丹、铅粉、铅霜、黄丹、密陀僧等。一些膏药中也含有不少的铅。所以，这类药物不宜久用或用量过大。

第五种铅污染源是劣质化妆品。

第六种铅污染源来自各种场合排出的废气、废物（例如报废的仪器、家电）等。

铅对神经系统有很强的亲和力，所以其主要危害是引起神经中毒，特别是对儿童毒害严重，但通常要几年后才表现出来。癫痫、智力发育不良、思维和判断力下降、肌肉麻痹等都与此有关。例如，儿童血液中含铅量每增加 0.1 毫克/升，智商就降低 10%。当然，铅对其他部位也有严重危害。

标准规定血液中的含铅量应小于 0.1 毫克/升。正常人体内铅总含量为 0.1~0.2 克，中毒量约 0.4 克，致死量约 20 克（铅化物致死量为 50 克）。如果在一周内每天摄入 10 毫克铅，或在几个月内每天摄入 1 毫克铅，都可引起铅中毒。

目前还没有专门驱铅的理想药物，但牛奶、虾皮、茶叶、大蒜、胡萝卜、南瓜、海带、富含维生素 C 的蔬菜水果等，有不同程度的驱铅作用。少吃爆米花、松花蛋等含铅多的食品，可减少铅中毒的机会。

氟利昂浮沉史

　　提起盛极一时的"英雄"氟利昂，人们都知道它是被判"死刑"而行将就木的"罪犯"。它为什么会从英雄成为罪犯呢？

　　氟利昂是氯氟烃类物质的总称，例如电冰箱里用的二氯二氟甲烷（F－12）就是其中最重要的一种。

　　1930 年，美国杜邦公司根据工业发展和人类生活的需要研制出了二氯二氟甲烷。它的主要研制者是托马斯·米格莱（1889～1944）。由于它是一类无色、无味、性质稳定、不燃烧、无腐蚀性、易被液化和无毒性（即使误食也不会中毒）的气体物质。所以一问世就凭借这些优良性质而被人们广泛用于空调器和电冰箱的制冷剂，火箭、喷气式飞机的推进剂，各种气雾剂产品（如喷发胶、杀虫剂）的抛射剂，高精密度的机械部件和半导体产品的清洗剂，各种发泡塑料制品、硬质薄膜、软垫家具等的发泡剂。一句话，它是推进工业和人类生活现代化的"幕后英雄"，曾对科技、工业、人类生活水平的

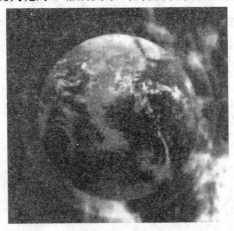

包围着地球的臭氧层

平流层（50千米）

臭氧层的高度
为15~25千米

对流层（12千米）

地球上空臭氧层的分布

提高，发挥了巨大的作用。

然而，正在人们大量制造并使用氟利昂的时候，科学家们却在20世纪70年代发现，它会大范围地破坏臭氧，如果不加限制地继续大量使用，将会给人类带来巨大的生存灾难。

原来，在距地球表面20多千米的同温层中，有一约厚10千米的臭氧层会被它破坏。臭氧在大气中的体积含量不足两百万分之一，如果把它们全部均匀地覆盖在地球表面，厚度仅为2.8毫米。不过，就是这一薄薄的臭氧层，却吸收了太阳辐射光中99%以上的紫外线，使其基本上不能到达地面，从而保护了地球上的万物生灵。雷雨过后的空气格外清新的一个原因，就是由于雷电让一部分氧变成了具有漂白和杀菌功能的臭氧。如果臭氧层遭到破坏，来自太阳的紫外线这一"无形杀手"就会长驱直入。科学家的测算证实，如果大气中的臭氧减少1%，射到地面的紫外线就要增加2%，人患皮肤癌的发病率则增加约4%。一些科学家认为，臭氧层变薄还会损坏人的免疫系统，使患白内障和呼吸道疾病的人增多；损害海洋生物；阻止植物的叶、茎生长；还会导致温室效应，从而使海平面升高，沿海低地的城市变成汪洋，沃土变为荒漠……

那么，氟利昂这个罪犯是如何具体破坏臭氧层的呢？由于氟利昂性质稳定，不能在低空中分解，所以就飘浮升入同温层，在紫外线的作用下，其中的氯原子被分解游离出来。氯原子能夺去臭氧分子中的1个氧原子，使由3

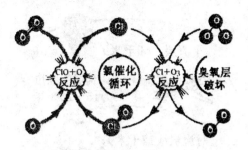

臭氧形成和破坏机理

个氧原子组成的臭氧分子变成普通由两个氧原子组成的氧分子，从而丧失其吸收紫外线的能力。1个氯原子能这样"连续作案"——破坏近10万个臭氧分子！而且，一旦进入大气，氟利昂类物质可以在那里滞留100年！基于上述认识，加之20世纪80年代世界氟利昂产量每年高达100万吨，再这样继续下去，总有一天臭氧层将会被破坏殆尽，使整个地球表面直接袒露在强烈的紫外线之下。这显然是一个足以毁灭地球的，可以同全球核大战相比拟的大悲剧。

氟利昂的罪犯面目真正大暴露，是在20世纪下半叶。1984年英国科考队首先在南极上空发现了被它破坏了臭氧后形成的空洞，其面积与美国国土相当，这一发现立即使全世界感到震惊。北极与第三极——青藏高原上空的情况同样令人担忧。还有人认为，全球臭氧层都受到了损害。美国宇航员还用资料表明，自1969年以来，横跨美国、加拿大、日本、中国、前苏联、西欧等的广阔地带上空的臭氧层也已减少了约3%。

在"危机"面前，世界各国迅速采取了行动。国际社会多次召开会议商议对策，并先后签署了《保护臭氧层维也纳公约》、《关于消耗臭氧层物质的蒙特利尔议定书》等。联合国大会还通过决议，确定每年的9月16日为"国际保护臭氧层日"。不少国家都在研制氟利昂的代用品上狠下工夫。例如，当年发明氟利昂的杜邦公司，又率先研制出其代用品SUVA新型制冷剂——用它造出的"无氟冰箱"，对臭氧的破坏比氟利昂减少98%。当然，只有制冷剂和发泡剂都被替代的才是无氟冰箱——如果只有制冷剂被替代，则是假无氟冰箱或半无氟冰箱。中国政府则规定，从2007年7月1日起，全面禁止氟利昂等损害臭氧层的物质的消费，但原来使用的"有氟"设备仍可继续使用。但是，2007年9月22日，联合国环境规划署在加拿大蒙特利尔宣布，来自世界上191个国家和地区的代表一致同意，在2030年全世界都要彻底停止生产和使用氢氟氯烃。

不过，即使氟利昂被"绳之以法"，但要恢复已遭破坏的臭氧层的"元气"，也要等到21世纪中叶。氟利昂这一当年的"英雄"、今日的"罪犯"，就这样给人类带来了灾难，说明大自然对人类的报复就是这样残酷无情！

氟利昂从"座上客"成为"阶下囚"的历史值得人们深思。这一方面要求我们增强环保意识，以避免滥用这类物质造成恶果。另一方面也可以看出，人类对自然界的认识的确是一个由浅入深、由表及里的过程。类似的例子还有下面一个。

人们在20世纪70年代开始在汽油中加入一种叫MTBE的添加剂，以取

这是一种不用含氯氟烃的水冷式空调器

代原来在汽油中加的、对人体有害的铅。MTBE能使汽油更有效燃烧且减少空气污染，所以按理说是一种环保产品。但它却易溶于水且易从加油站的地下油罐中泄露。在美国加利福尼亚州。MTBE污染已迫使供水商关闭了很多县的水井。美国地质勘探局2000年一次取样调查，在14%的饮水中发现了MTBE。1993年3月，克林顿政府宣布禁止使用MTBE。但目前还没有什么省钱的办法清除这种物质。于是这一"环保产品"又从"英雄"沦为"罪犯"。

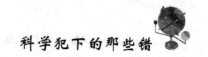
DDT 破坏生态

　　1948 年的诺贝尔医学和生理奖，授予瑞士生化学家、生理学家缪勒（1899～1965），以表彰他"DDT 作为高效应接触杀灭节肢动物毒物的发现"。从此，DDT 作为其后一二十年的重要农药而载入史册，有过"光辉"的历史。

　　DDT（滴滴涕）又名二二三（二氯二苯基三氯乙烷），是一种无色针状晶体，对害虫有强力的触杀和胃杀作用，对热较稳定且挥发性小，所以杀虫效果能维持较长时间，且对人畜毒害作用较小。这样，在 20 世纪中叶，它曾是一种使用普遍的有效农药。

　　DDT 的最早合成者是德国化学家蔡德勒（O. Zeidler）——他在 1874 年就由氯苯和三氯乙醛缩合成 DDT。不过，他当时没有发现它的杀虫作用。

　　最早发现 DDT 杀虫作用的是缪勒。缪勒出生在瑞士土肥水美的国勒河畔。当地每逢收获季节，害虫就泛滥成灾，农民虽想尽办法，但收效甚微。大片毁于害虫的庄稼，给少年缪勒留下了强烈的刺激，立志攻克治虫难关。

　　1918 年，缪勒进入巴塞尔大学攻读化学专业，7 年后获得博士学位。接着，在奇吉化学公司工作。1935 年，他就开始杀虫剂的研究，其间他的胞妹从家乡来信说家乡又闹虫灾，这更使他加快了研究的步伐。他回忆起小时一位老人给他讲的中国有"以毒攻毒"的方法。在此启发下，他终于在 1938～1939 年合成了 DDT，但也不知道实际用途。接着，他在实验室的老鼠身上试验，发现 DDT 可使它产生几天

缪勒

$$Cl-\!\!\!\!\!\bigcirc\!\!\!\!\!-\overset{\displaystyle CH}{\underset{\displaystyle CCl_3}{|}}-\!\!\!\!\!\bigcirc\!\!\!\!\!-Cl$$

DDT 的结构式

的皮肤瘙痒、恶心、头痛。后来在蚊子、毛虫和虱子等身上实验，才发现它们会立即死亡。他发现了 DDT 的高效杀虫力之后，就使它成为人类第一个被大量使用的有机合成杀虫剂，并于 1942 年取得专利。

不过，此时 DDT 的生产技术复杂，所以价格昂贵，还没有得到推广。后经工艺改良，成本下降，才在 1943 年起大量上市。接着就成为风靡一时的杀虫剂，和原子弹、青霉素一起，被称为第二次世界大战中的"三大发明"。

在第二次世界大战期间，DDT 有效地消灭了传染病的媒介——体虱和跳蚤等，防止了疾病的流行。第二次世界大战后，在控制意大利那布勒斯城斑疹伤寒的流行，和在地中海地区、印度、东南亚等地区防治疟蚊方面都战功赫赫。

在农业上，DDT 能杀灭粮食作物、经济作物、果树和蔬菜等的许多害虫。它还能杀灭蚊蝇，在医疗上也有极大的用途。

但是，到 20 世纪 50 年代初，就开始发现了因大量使用 DDT 之后的一系列副作用了。

首先，一些害虫、病原菌对包括 DDT 在内的许多药物产生了抗性，这就使用药剂量要加倍甚至加几倍，而且还要重复防治。这样，就造成对环境更大的污染和对生态更大的破坏，因为 DDT 对热较稳定且挥发性小，不易被生物分解，容易残留积累下来，通常最多可在土壤中存留 20 年。

其次，它杀死了许多害虫的天敌，从而使某些本来危害不严重的昆虫或螨类，上升为重要害虫。

再次，它的长期残留性致使农产品、水产品、家禽家畜都有不少的残留积累，而由此可进入人体危害人的肝脏、脂肪等组织，使人慢性中毒。例如，1976 年美国洛杉矶动物园的小河马突然全部死亡，就查明是农药厂排出的 DDT 废液造成的。又如，1997 年美国研究人员发现，DDT 具有与雌激素相似的作用，可使男性"非男性化"，从而出现雄性退化。再如，在20世纪90年代发现，在中国一些地区妇女的乳汁中含有DDT、六六六等有毒物质。DDT还可使胎儿畸形、发育不良或死亡。

最后，污染土壤和水域，严重破坏生态。

对于上述DDT的副作用，美国女海洋生物学家蕾切尔·路易斯·卡森（1907～1964）在1962年出版的《寂静的春天》——一本有关环保的科普著作中有详细的描述。这本书主要是揭露有机农药带来的和可能带来的"大破坏"，描述它对人类生存构成的威胁。虽然书中的一些观点曾引起争议，但它及时地向人类敲起重视环境污染防治和环境保护工作的警钟，曾在西方产生强烈的反响。书中详细地描绘了DDT和其他杀虫剂对人类生存环境的灾难性破坏：DDT积累在生物组织中，甚至进入细胞内，使生物畸形，人和其他动物生殖能力下降，诱发癌症或其他疾病，污染环境，等等。

鉴于这本书的提醒和大量DDT造成的副作用，人们终于决心告别这把双刃剑：自美国率先在60年代起禁止用它作杀虫剂以后，包括瑞典在内的大多数国家都从1970年起陆续禁止；中国也在1983年颁布法令，把它列入禁用农药。而在2004年5月17日联合国在挪威首都奥斯陆通过了"禁用化学药物黑名单"（即"肮脏的12种化学物"），其中就有DDT。

卡森在收集农药危害的证据

因为人们对滥用 DDT 造成的严重副作用的批评，该奖评委会已公开表示为 1948 年为 DDT 的发明者颁奖感到羞耻，并表示应把奖发给那些经得起实践检验的发明创造和没有争议的成果，以避免再度发生这类失误。

人类终于较快地制止了因大量使用 DDT 和其他杀虫剂造成的环境污染和生态破坏，并很快收到了实效。例如，美国在 1970 年和 1972 年颁布有关水质法令禁用 DDT 之后，密西根湖一些鱼类的 DDT 含量，就从 1970 年的 10 ~ 20ppm（1ppm = 10^{-6}）降低到 1976 年的 1 ~ 6ppm。

不过，人类为此付出的代价也是惨痛的。由于 DDT 的残效，使它的影响会持续多年。1988 年，美国佛罗里达州波普卡湖区鸟类蛋的孵化率仍低至 20%，远低于通常的 70%。20 世纪 90 年代，美国医学家在美国母亲的乳汁和死亡产婴的脑内都发现过 DDT。美国环保局生殖毒理学科的比尔·凯尔斯及其同事在英国《自然》杂志上指出，DDT 的代谢物对老鼠的试验表明，它会使原来没有乳头的雄鼠长出乳头，而且生殖系统异常。美国研究人员发现，佛罗里达州的鳄鱼阴茎变小为正常的 1/4。美国、日本和巴西等国发现了大量畸形青蛙，有的有三、五、六条腿，有的则褪去绿装改"穿"白、红新装，有的还对人产生可怖的攻击性。甚至南极企鹅也不能幸免——它们的体内发现过有机氯农药……

既然 DDT 及其他一些同时代的杀虫剂、杀菌剂、除草剂会造成巨大的副作用，那是不是人类就无法用类似的方法去征服那些直接或间接危害人类的生物或病毒呢？

答案是否定的。

早期的农药都来自植物和矿物，这被称为第一代农药。例如，用硫黄、烟叶水杀虫，用硫酸铜防菌、防病。

第二代农药即有机合成农药。例如 DDT 和六六六等为杀虫剂，福美联、代森锌等为杀菌剂，还有除草剂和植物生长调节剂等等。

高效、低毒、不污染环境、不破坏生态的第三代农药——有机杀虫剂、化学不育剂、激素类农药、生物性农药等的研制，为征服植物的病虫害添上了重重的砝码。例如，美国梅特卡夫等研制的 DDT 的代用品益滴涕，它可被

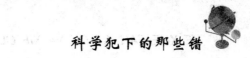

生物降解成无毒物质，对环境影响不大。又如，英国伊利奥特（M. Elliot）等合成了天然除虫菊的类似物苄氯菊酯，具有高效、广谱、低毒而又可被生物降解的优点，可避免环境污染。有理由相信，"绿色杀虫剂"——生物杀虫剂或生物农药的使用，将能既杀灭害虫，又不危害人的生命健康和破坏生态环境。

此外，针对DDT引起的其他害虫及螨类的猖獗，人们提出了害虫综合防治的概念，主要是从生态系的概念出发，重点协调化学防治与生物防治的关系。至今，这一概念已成为一门包括生态、昆虫、植物、杂草、土壤、数学（系统分析、计算机）、经济学等学科在内的一门综合性学科。

另外一条思路是通过杂交、转基因工程等手段，培养抗虫、抗病毒的优良品种。例如，中国科学家在1995年培育出的世界上首例抗大麦黄矮病毒的转基因小麦。

当然，被"抛弃"和禁用的，不只是DDT。例如，中国在2003年规定，制造、买卖、运输和储存毒鼠强——一种5毫克就可致死人命的剧毒农药，情节严重的最高可判死刑。

附录："禁用化学药物黑名单"（12种）

阿尔德林、氯丹、迪厄尔丁、DDT、艾氏剂（氯甲桥萘）、七氯、灭蚊灵、毒杀芬（氯化茨）、多氯联苯、七氯苯、二噁英、呋喃

生态灾难人自作孽

有机会走进美国国家黄石公园，你会看到一个繁茂的生物王国：白杨树——枝繁叶茂，不时传来——灰狼的叫声，麋鹿——在林间嬉戏……

可是，在三四十年以前，却不是这个样子。在 20 世纪六七十年代，人们在这里看到了一件怪事——20 世纪二三十年代茂盛的白杨树越来越少，麋鹿也几乎不见踪影，更没有成群结队的灰狼。那么，这些生物到底怎么了？

在二三十年代，这里的灰狼吃麋鹿，麋鹿吃白杨树的叶子，麋鹿的粪就成为白杨树的养料——这里维持着一定的生态平衡。但是，随着当时的"西部开发"，凶恶的灰狼被大量枪杀，并最终灭绝。

照"理"说，灰狼灭绝就应该是麋鹿和白杨树的昌盛——在它们形成的、有两个环节的"食物链"中大量繁衍。但事实却并不如此，麋鹿和白杨树的数量，都急剧减少。

杨树

对这种奇怪的现象，美国政府让生物学家们展开调查，要找到扼杀麋鹿和白杨树的"罪魁祸首"。

开始，生物学家们没有找到原因，但却意外地发现了一个更奇怪的谜——白杨树不但老态龙钟、"营养不良"，而且没有近年生的新树！

在生物学家们继续穷追不舍之后，使人惊异的谜底终于揭开了。原来，在灰狼消失之后，有三个环节的食物链，被打断了一个环节——灰狼的粪便和吃麋鹿后剩下的残骸，是白杨树的"优质养料"（它们比麋鹿的粪便更好），此时没有了！也就是

狼

麋鹿

说，原先的生态平衡被破坏之后，形成了"三输"的局面——威胁人畜安全的灰狼被赶尽杀绝，白杨树随之"营养不良"，麋鹿的数量也因白杨树叶这个"美味佳肴"的减少，而不断减少。

最后，美国政府只好从加拿大引进一些灰狼。一二十年以后，又重新形成了这条老的、有三个环节的食物链，于是白杨树又"枯枝发芽"，为麋鹿提供鲜嫩的树叶，灰狼也又有了麋鹿肉的美味，同时用粪便和麋鹿残渣营养着白杨树……

显然，是美国人在20世纪二三十年代把灰狼赶尽杀绝的失误，使黄石公园一度美景不再的。

其实，像这种人为因素造成的"生态灾难"远不止一起。

也是在美国，20世纪末。西部的一个州突然爆发了一场森林大火——上万亩森林遭受灭顶之灾。事后发现，"罪魁祸首"是森林中的那些枯枝、腐叶和衰草——它们在遇到"星星之火"后，迅速燃烧而成了"燎原之势"……

于是人们痛定思痛，决心亡羊补牢。州政府责令全州的森林管理部门的人员，加上全社会的环保主义者，及时"釜底抽薪"——清理森林中的"衰草枯杨"，铲除火灾发生的"物质基础"。

采取这一措施后，果然"大见成效"——在随后的两年里，再也没有发生大的火灾。

然而，正当大家暗自得意之时，另一种始料未及的森林灾难却使他们目瞪口呆——一种由云杉卷叶蛾引起的虫害突然大面积爆发！这种数量剧增的害虫在毛虫阶段危害树木，专门吞噬树木的嫩叶和嫩芽，在很短的时间里，

美国国家黄石公园的一角

几万亩珍贵的树木成片成片地枯萎、死亡。

　　眼看着虫害在迅速蔓延，更多的森林将遭受侵害，束手无策的州政府赶紧向联邦政府求援。美国农业部的专家对这一现象进行了调查，最后得出的结论令许多人大吃一惊。原来，造成云杉卷叶蛾大量繁殖和严重危害的主要的原因，是美国人自己对森林中朽木腐叶枯草的清理！

　　这又是为什么呢？

　　原来，在森林中，树木最大的天敌之一，是某些虫类。在通常情况下，危害树木的昆虫数量保持在一定的水平线以下，只会引起树木小规模的灾害；而当某些偶然因素发生，引起有害昆虫大量蔓延的时候，大片的森林就会被毁灭。

　　那么，是什么东西在控制着有害昆虫的数量，使其保持在低水平线上的呢？生物学家经过研究后发现，森林中的害虫数量，与那里的鸟儿和蚂蚁的数量成反比。当鸟类和蚂蚁很多的时候，害虫的繁衍就受到压制而减少；而当鸟类和蚂蚁受到了某种侵害时，害虫就大量繁殖。

　　现在，朽木腐叶枯草没有了，害虫就没有了食物，数量就急剧减少。而害虫数量的减少，使鸟类和蚂蚁也没有了食物，数量也就急剧减少——大多数的鸟类都是食虫鸟，各种各样的蚂蚁也把那些"肥肉滚滚"的、行动缓慢的毛虫当做丰盛大餐。鸟类和蚂蚁数量急剧减少，害虫数量当然就急剧增加，森林也就在虫灾下毁灭。

　　看，这又是一个食物链被破坏引出的灾难。

当然，人类对待生态的失误，还不仅仅限于食物链被破坏这一种形式，下面的"好吃"，是又一种形式。

2003年的一期美国的《动物保护》杂志报道，美国科学家发现，生活在太平洋关岛的查莫罗人所患的怪病，和他们爱吃当地的"马里亚纳飞狐"（又叫"狐蝠"）这种蝙蝠有关。

关岛怪病叫"全身性肌肉萎缩症"，这种病会造成肌肉萎缩无力、瘫痪、痴呆以致死亡。仅以乌塔麦克村为例，在1944～1953年间，当地死亡的人之中有1/4到1/3，都是因为得了这种怪病。卡拉锡尔夏威夷国家热带植物园的民族植物学家保罗·阿兰·考克斯及其同事们，认定以苏铁种子为主要食物的狐蝠，是造成此病的罪魁祸首。苏铁类植物的种子在关岛和周围的太平洋诸岛随处可见，它含有对神经系统有害的化学毒素。

美国著名神经学家奥利弗·萨克斯在一本神经学杂志上撰文，提供了有关吃狐蝠与这种怪病之间联系的第一份证据。飞狐大量吃苏铁种子，从而积聚了达到危险程度的毒素——就像许多动物体内积聚了相当多的剧毒杀虫剂DDT一样。

查莫罗人品尝美味佳肴——狐蝠，是自古代流传下来的传统习惯之一。原先在关岛，到处都是一飞起来就遮天蔽日的狐蝠，是当地的一道风景线。而它成了人们餐桌上的美味佳肴之后，数量就从当初的6万多只降到现在不到200只了。

对狐蝠的大肆屠杀，持续了整个20世纪，甚至到了该物种被世界自然环境保护协会列入濒危物种名单之后，对其捕猎及贸易才遭到禁止。但是，现在这个能赚大钱的"屠杀"仍未终止——人们将其打死后冷冻起来用船运到其他地方销售。

其实，像查莫罗人"好吃"狐蝠引起怪病这类事件，在2004年那场"非典"灾难中也被再现——这次"上阵"的是"贪嘴"的广东人和果子狸。

蝙蝠倒挂在树上

年轻时的卡森

一种"亨德拉病",也是人类过度"开发"的结果。在澳大利亚昆士兰省的亨德拉镇的一次赛马会上,两个赛马的人和 10 匹马突然死亡。调查了500 多种动物之后的结果是,当地人过度拓地开荒之后,早先引进的狐蝠被迫到森林边沿去吃野果子的果肉为生,而狐蝠排出的野果子的果实又被马吃,结果感染了致命的病毒。

灰狼、腐叶和飞狐、"非典",向人类敲响了警钟。为了人类的健康,让我们别再"搅得周天寒彻"。包括摒弃滥吃野生动物的恶习吧!

其实,不要随意亏待甚至杀戮地球上的生灵,已经不仅仅是一个简单的"人类健康"问题,而是还涉及生态平衡、可持续发展等诸多方面的根本大计问题。因此,我们必须和"岁岁年年竞自由"的地球生命和谐相处。正如蕾切尔·路易斯·卡森(1907～1964)在 1962 年出版的《寂静的春天》一书中所说的那样:"我们必须与其他生命共同分享我们的地球。"美国女海洋生物学家卡森,是美国《时代周刊》在 20 世纪最后一期评出的该世纪 100 位最著名的科学家。

在 2000 年,中国国家林业局正式把麻雀列入对经济和科研有价值的益鸟,给"大跃进"时代的"四害"之一——麻雀"平了反",就是这种远见卓识走出的一步。

不可忽视的动物入侵

> 身是菩提树，
>
> 心如明镜台；
>
> 时时勤拂拭，
>
> 莫使有尘埃。

在 7 世纪下半叶湖北黄梅县城东的东山的五祖寺，禅宗第五代祖师大满禅师宏忍（602～675）要找有悟性的人传递衣钵，叫众僧各出一偈。约 661 年的一天，"上座"（弟子中声望最高者）神秀（约 606～706）在墙上写下了上面这一偈。

这时，寺内的"伙夫"——惠能即慧能（636 或 638～713）在厨房舂米，听到了神秀的回答，就说，美则美矣，了则未了，我的偈是：

> 菩提本无树，
>
> 明镜亦非台；
>
> 本来无一物，
>
> 何处染尘埃。

五祖寺

惠能

101

就这样，在 520 年由印度传入中国的禅宗——佛教的一个派别，在五祖宏忍之后被分为南北两派。北派的掌门人是六祖神秀，而影响更大的南派的掌门人就是六祖惠能，形成"南能北秀"。

那么，在唐朝咸丰年间（670～674）建造的、气势恢弘的五祖寺即东山寺，现在还好吗？

东山寺倒是风韵犹存，然而寺庙竹林附近的松林，却像火烧了一般，其中马尾松几乎无一幸存——全都枯萎而死。那么，置马尾松于死地的元凶是谁呢？

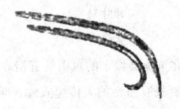

松材线虫

是北美的"入侵者"——松材线虫。

不会吧！马尾松遭殃，怎么可能和万里之遥的这种小虫子搭界呢？

原来，松材线虫是随木制包装箱偷偷潜入中国的。1982 年首先在南京中山陵发现后，在浙皖鄂粤港等地成灾——几乎全部毁灭了香港广泛分布的马尾松林。对了，这个"偷渡客"是搭"顺风车"免费进入中国的。显然，造成这种失误的，是我们自己。

松材线虫几乎在中国全境内蔓延过。例如，截止到 2004 年底，重庆就有 9 万多亩包括三峡库区在内的松林遭到它的侵害，直接经济损失超过 3000 万元。重庆的 1000 多万亩松林，也面临严重威胁。而在 2007 年 8 月 24 日中央电视台新闻频道播送的字幕消息是，国家林业局的统计表明，松材线虫已蔓延到中国 12 个省、市、自治区的 113 个县！

像松材线虫这种从"外面"进来进行侵害的动物，叫"外来入侵动物"。

外来入侵动物当然不止松材线虫一种。

1987 年，广东、福建等地从外国引进红耳龟（因耳部是红色得名），成

受松材线虫病感染致死的松褐天牛白色幼虫

为家庭宠物，近几年，频频出现在湘江。它被国际上列为"100 种最危险的外来入侵物种"，在中国很少有天敌，处于优于本土龟的优势，结果完全打败了当地龟。

2002 年 6 月 25 日 ~ 7 月 10 日，新疆哈密市先后有 8 人遭入侵的黑蜘蛛袭击。从 2000 年以来，该市已经有 18 人被黑蜘蛛咬伤。

喜欢群居的食人鲳，又名红肚食人鲳、食人鱼或脂鲤——因为比一般鲤鱼在背部多一个小的脂鳍而得名。它原产亚马孙河流域，最长 30 多厘米，最大 4 千克，18 个月就成熟，繁殖力强（每次产卵 4000 ~ 10000 粒），有很强的攻击性——攻击人和水中动物。在亚马孙河，每年就有 1000 多头水牛受到它的攻击。但是，在亚马孙河有多种食肉鱼是它的天敌，所以还不至于造成灾

食人鲳

难。但是，由于它在中国境内没有了天敌，所以本地的各种鱼苗就成了它的"盘中美味"。2002 年，曾在广东狙猕一时，引起过不小轰动。

在外国，同样也面临动物入侵的问题。

1859 年，英国人奥斯汀给澳大利亚的维多利亚州带去了 24 只兔子，放养了 13 只。另一种说法是，带去的兔子是 5 只，1863 年一场火灾使它们从笼中"胜利大逃亡"，成为野兔。由于当地的优越条件，例如牧草丰美，加上兔子的繁殖力强———一对兔子 3 年可繁殖 1300 只，使澳大利亚南部 2/3 的土地被它们占领，1950 年已经发展到 7.5 亿只。10 只兔子可吃掉一只绵羊的草，使新威尔士州的羊从 1360 万只减少到 360 万只。为了防止兔子的危害，昆士兰州筑建了长 1.3 万千米的防兔铁丝网，但无济于事。

兔子成灾也发生在英国。12 世纪，诺曼底人为了狩猎和毛皮生意，把一种兔子（oryctolagus cuniculus）引进了英国。至今，这些兔子每年给英国造成 1.6 亿欧元的损失。

1935 年，澳大利亚的农场主为了对付当地危害甘蔗的一种甲虫，就从国外引进了一种可长到 30 厘米、2 千克的布福蛙。结果，在吃完了甲虫等害虫之后，就开始吃益虫，造成了难以控制的局面。

布福蛙

美洲灰松鼠在 1876 年被引进英国。它们有吃花的球茎和鸟蛋的习惯，还有给小桦树剥皮的毛病。此外，由于它在丛林和庭院中觅食的能力比当地人非常喜欢的红松鼠更强，而且有 2/3 的灰松鼠都携带着一种对红松鼠几乎是致命的皮肤病病毒，所以很快就成了"不受欢迎的鼠"。讨厌它们的人，称它们为"树鼠"。在灰松鼠增多的同时，红松鼠在减少。尽管红松鼠也有破坏性，但比灰松鼠要小。

斑马贝——一种来自欧洲的阿月浑子大小的软体动物，20 世纪 80 年代偶然从欧洲传入北美，现广泛生长在五大湖和密西西比河，布满了五大湖的湖底。

本目水母原产美国，20 世纪 80 年代侵入黑海，立即吞食了其中几乎所有的鱼卵、幼鱼和浮游动物。

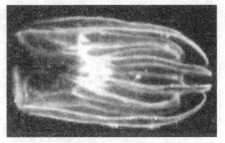

斑马贝　　　　　　　　　　本目水母

原产于欧亚大陆和北非的野猪现在已经在加利福尼亚的圣何塞生了根。

亚洲大鲤鱼是 20 世纪 70 年代为控制水草生长而引进美国的，现在，在

牛蛙

密西西比河上到处都能捕到这种鱼。

2007 年，日本最大的湖泊琵琶湖所在的志贺地区发起了"吃掉太阳鱼运动"——因为它大量吞吃本地鱼，威胁环境。太阳鱼本来是美国伊利诺伊州的"州鱼"，由于该州的芝加哥市市长理查德·戴利在 1960 年送给到访的日本皇太子明仁，所以又称为"太子鱼"。今为日本天皇的明仁，对此也后悔不迭。

2003 年，国家环保局和中国科学院公布的第一批 16 种入侵物种中，有 7 种动物：蔗扁蛾（原产非洲热带）、湿地松粉蚧（原产美国）、强大小蠹（原产美洲）、美国白蛾（原产北美）、非洲大蜗牛（原产东非沿海）、福寿螺、牛蛙（原产北美）。

不可忽视的植物入侵

落日余晖夕照，水面金波粼粼；或湖上渔舟唱晚，或岸边情人私语。这就是有浪漫美景的维多利亚湖——驰名世界的非洲第一大湖。

在乌干达境内的这个湖边，还有和这浪漫美景同样浪漫的一个爱情故事。

20世纪70年代，一位南美人来到乌干达工作。为了讨得他在这里的女友的欢心，就从家乡亚马孙河给女友带来了"水中美人"——水葫芦。

可是，接下来的故事并不浪漫。

维多利亚湖湖滨为棉花鱼米之乡，昵称"母亲湖"。但是，到了20世纪80年代，没有天敌的水葫芦大量繁殖，疯狂"浪漫"——像厚厚的毯子占领了这个湖的80%水面，约1000平方千米。它覆满静水的湾口，阻碍人

又叫水荷花的"水中美人"水葫芦

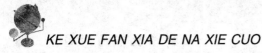

们行船，窒息水中生物，维多利亚湖浪漫的美景不见了。由于工农业生产和生活废水未经任何处理即排入湖中，湖水富营养化，水葫芦疯长成半人高的"森林"；"林"底下无阳光且缺氧，致水藻、鱼类死亡，湖水发臭，影响了沿岸数千万人的生活。许多渔港商港被堵死，航线瘫痪，水产锐减，渔民失业。一些船只夜泊开阔水面，夜间起风，一早起来就开不动船了，四周被水葫芦团团包围。被窒息的湖水开始腐败，用这种水洗澡会导致皮肤瘙痒。

同样是水葫芦，开始浪漫，后来并不浪漫的故事。1884 年，一位美国植物学家到巴西旅游，发现了它的"美丽"，就好奇地把它带到新奥尔良博览会上展出。这样，被誉为"美化世界的淡紫花冠"的水葫芦，被许多人带回自己的国家。不上百年，就成了东半球 60 多个国家的常见有害植物。于是，"水中美人"成了"紫色恶魔"。

庞蒂卡姆（ponticum）——一种被誉为"花中美人"的杜鹃花，是开着淡紫色花朵的高大漂亮灌木，主要用于观赏。

1763 年，一位伦敦的园艺家把这种在伊比利亚半岛南部列为危险物种的杜鹃花，引进英国。由于当地的暖湿气候和酸性土壤，以及自身根部的强大固氮力和非凡的耐寒力，使它如鱼得水。它的繁殖力极强——不但种子能生根发芽，而且枯枝也能"触地生根"，并很快发出许多新芽，接着每簇植株每年又产生几百万枚种子。不但如此，它的花朵色彩异常艳丽，成了向传粉昆虫"求爱"的"白马王子"，其他植物的处境可想而知。更有甚者，它还配

杜鹃花庞蒂卡姆

备了一套完善的"化学武器"——叶子产生的酚类物质确保自己免被动物啃食，分泌毒素阻止其他植物发芽。

就这样，庞蒂卡姆高10米、覆盖100平方米"星团"的叶片，使98%的阳光无法照射到地表，所有在它下面的植物都被判了死刑。就这样，它以魔鬼般的蔓延速度，在当年拿破仑未能染指的大不列颠群岛西部入侵成功——威尔士地区斯诺敦尼亚天然公园的3000公顷土地因它而寸草不生。就这样，"花中美人"成了"美丽杀手"。

对于这个凶恶的入侵者，英国民众展开了"抵抗运动"，例如"科学保护中心"成立了一个科学小组，专门研究应对之策。

美国人曾将中国的葛藤带到美国种植。由于当地气候非常适宜葛藤的生长，因此长得奇快——光秃秃的山地变成了绿洲，原本寸草不长的土地上也开始有了生机。但后来美国人开始犯愁了：生命力旺盛的葛藤长得实在太快，不该长的地方也被它占据了。在短短的几十年中，葛藤侵占了200多万公顷的土地，很多本地的植物由于得不到足够的阳光开始死亡，许多动物由于栖息地的改变而迁移。引入葛藤，成了美国历史上一场重大的植物入侵灾难。

在中国，也有不少入侵植物。肆虐上海崇明岛的互米花草，因其具有固沙促淤作用，在1985年从美国引进。由于缺少天敌，互米花草已成为整个崇明海滩的霸主，导致鱼类、贝类因缺乏食物大量死亡，水产养殖业遭受致命创伤，而生物链断裂又直接影响了以小鱼为食的岛上鸟类的生

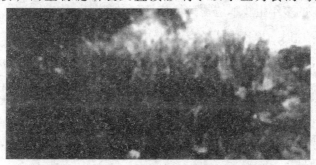

互米花草

紫荆泽兰

存。生态学家警告，如果不加以控制，崇明岛的生物链就将严重断裂。如今互花米草又在福建沿海等地大量蔓延，已造成沿海滩涂大片红树林的死亡。

在云南华宁县盘溪镇，原产中美洲的"恶草"紫荆泽兰摆上了街头卖钱，成了当地群众一项稳定的收入——每千克可以卖 2～4 角钱。因为人们发现它能在蔬菜运输中起到保鲜作用，保证蔬菜在运输时不变质，到了目的地卖个好价钱。太平村的一些农民每天天不亮就到附近割紫荆泽兰，然后在集镇上卖，平均能有 15 块钱的收入。紫荆泽兰有一种强烈的气味，牛羊和其他动物不吃。但它的繁殖能力特强，挤占了其他植物生存的空间，使其他植物难以生长，危害中国川滇等南方地区。尽管科学家想尽多种方法消灭它，但它造成的危害有增无减。

中美洲来的多年生藤本植物微甘菊，在 20 世纪 90 年代初传入中国之后，前几年也猖獗一时。原因是，在新环境中没有了天敌，而在原产地，有 160 多种昆虫和菌类直接或间接以它为食，数量被控制。而且它的种子极其细小——每千粒仅为 0.0892 克，具有类似蒲公英的白色绒毛，能借助风力长途旅行。

来自欧亚大陆的紫色千屈菜花，盛开在公路两旁。可是，这条美丽花径的尽头却是地狱。

截至 2000 年，入侵中国的杂草已有 108 种，隶属 23 科、76 属。在 2003

处的薇甘菊和远处的水葫芦在比谁能"占水为王"

空心莲子草

年，国家环保局和中国科学院公布的第一批 16 种入侵物种中，有 9 种植物：紫荆泽兰、薇甘菊、空心莲子草即水花生（原产南美）、豚草（原产北美）、毒麦（原产地中海地区）、互米花草（原产美国东南沿海）、飞机草（原产中美）、凤眼莲即水葫芦、假高粱（原产地中海地区）。

转基因工程的失误

对现代人来说，"转基因"一词已不再神秘陌生——它是我们时代最时髦的词汇之一。

随着生物工程技术的发展，科学家们应用基因遗传技术，将一种生物体内的基因，移植到另一种生物体内，进行基因新组合，从而改变生物的特性。这样，人类就可以根据自己的需要和意愿，在很大程度上定向改造生物的特性，甚至创造出新物种。这就是转基因工程技术，由此得到的新生物品种就是转基因植物或转基因动物，它们可给人类提供转基因食品或派上其他用场。

转基因动物的热潮始于 1982 年。这一年，帕尔米特尔（Palmiter）等人将大鼠和人的生长激素基因导入小鼠，成功地培育出超常生长的、体重为正常小鼠两倍的"超级小鼠"。

英国科学家将太平洋中一种水母身上神奇的、遇到外来威胁时能释放出化学报警信号的基因植入植物的基因中，使植物在缺水、虫咬、营养不良时，其叶片分别呈蓝、火红、黄色，这就能合理及时地对其灌溉、治虫和施肥了。

日本人找到了一种活性氧化分解力很强的大肠菌过氧化氢酶，将其植入植物的叶绿体中，增强了植物的耐旱性。这种转基因植物在强阳光照射下不供水，5 天后叶片仍未变化；而普通植物叶片 2 天后就发黄了。

英国科学家把细菌中的一种特殊基因植入油菜等芥子类植物的基因中，培育出一种多烃基丁酸的塑料植物。这种植物的根、茎、叶都能制造出多烃基丁酸颗粒，可直接制成各种塑料制品。这种制品的优点是，埋入地下 6 个月内即分解为二氧化碳和水，有利"环保"。

1995 年，法、美科学家联手，培育出了一个水稻新品种，它能抵御最常见的黄杆菌传播。接着，继日本科学家将大豆中的铁蛋白基因植入普通水稻，培育出含铁量高两倍的水稻新种之后，在 2000 年 2 月 14 日，中国水稻研究所宣布试种成功了抗除草剂的转基因水稻，并很快投入大量种植。

在防治疾病方面，用转基因技术让奶牛、山羊等禽畜制造各种极贵重药物、蛋白质、生物因子、白介素、干扰素等的努力从来就没有停止过。至 1999 年，已有人血清蛋白、长效 tpA、抗凝血酶 Ⅲ、蛋白质 C、凝血因子 Ⅸ、αL 抗胰蛋白酶、纤维蛋白原、人血红蛋白、乳铁蛋白等获得初步成功，其中抗凝血酶 Ⅲ 已进入后期临床试验。美国科学家将蚕体内的一种基因植入葡萄中，培育出能抵抗皮尔斯病的转基因葡萄。2000 年 1 月瑞典科学家用转基因技术培育出一种富含 β 胡萝卜素的"黄金水稻"——呈金黄色而得名，给维生素 A 缺乏病区的人们带来了福音。这一年，中国河北大学还成功培育出抗虫杨"741"——它有效地解决了"杨絮因风起"危害人体健康和环境的难题。而 2002 年德国科学家又培育出了预防乙肝的转基因胡萝卜。同年，日本科学家还培育出了转基因蚕——它们吐出的丝，可以织成抗菌绸。

转基因技术取得了很大的成功。然而，使科学家们始料不及的是，他们的成功却伴着一系列失误，其中之一就是转基因工程的副作用。

副作用之一是，一些转基因食品吃了不安全。理论和实践都表明，许多未经人工驯化的植物都有不同的毒性，这是它们避免被动物和人吃掉的生存竞争手段，也是优胜劣汰、物竞天择的结果。因此，如果将这些植物的基因植入农作物中，虽然使农作物具有诸如耐寒、抗病、富含蛋白质或其他营养素等优点，但同时也产生了毒性。例如，为了提高大豆的品质，一家美国公司把巴西一种野生坚果的基因植入大豆，培育出一种高营养值的转基因大豆。但很多人吃后全身有过敏反应，有人认为这就是转基因农作物毒性的表现之一。又如，在1995年5月，英国科学家发现一种抗虫转基因玉米"BT"的花粉中含有毒素。蝴蝶幼虫啃食撒有这种花粉的菜叶后会发育不良，导致多数死亡。美国的"帝王蝶事件"和巴西的"坚果事件"——后来发现是"虚惊一场"的转基因生物事件，更加剧了人们的这种担心。

　　副作用之二是转基因生物会破坏生态平衡，特别是对生物多样性的影响。大自然经过亿万年的演化，各种生物相对处于一种和谐的生态平衡状态。但是，如果我们用转基因技术把某种生物人为地变得更加"强悍"，那其他物种就会衰败以至灭绝。1996年，英国《自然》杂志报道，丹麦科学家给油菜植入了一种抗除草剂的基因，意在对油菜地施用除草剂时不损害油菜而只杀灭杂草。试验取得了预期的成功。然而，油菜试验地中和附近一些是油菜近亲的杂草也表现出较强的抗除草剂特性。经实验室检验，发现这些杂草体内也有抗除草剂基因。显然，转基因油菜将它所获得的人们强行给它的抗除草剂基因传递给了它的"亲戚"——杂草。要是让这种状况发展下去，杂草强大的生命力将会胜过普通农作物和不带这种基因的杂草，生态平衡势必会受到破坏。当然，这种影响还波及依靠杂草生存的昆虫、鸟类和其他动物。

　　副作用之三是转基因生物将其遗传特性转移给其他生物，导致基因突变，这也被称为"基因逃逸"或"基因漂流"，从而使生物的品质变坏和形成对人、对环境的危害。例如，有的转基因作物有了抗病虫害的基因后，它们会刺激和诱发害虫抵抗力的增加或加速害虫抵抗力的进化。具体实例是，在2001年，美国加州大学伯克利分校的研究人员，发现了远离墨西哥转基因玉米基地100多千米之外的奥斯科萨卡山区，也有这种转基因玉米的DNA。而2002年在加拿大发现的"超级杂草"，则发生在当地种植转基因油菜仅两年之时。

转基因作物还面临育种问题，因为它们不容易得到多代稳定的遗传。例如，它们的种子第二年不容易发芽，所以被戏称为"绝种技术"。这样，农民就只好每年买种。

此外，转基因动物还会涉及伦理、道德等方面的问题，有可能被错误利用。例如，2002年2月19日在旧金山举行的"美国科学进步协会"的年会上，生物学家莫瑞诺披露，南非军队就曾试图研制一种令人恐怖的生物武器，能够根据人种的基因构成来区分不同的打击对象。

鉴于转基因技术已经带来或潜在的副作用和其他危险，人们对转基因生物采取了不同的态度。

1997年4月初，100万奥地利人在一份请愿书上签字，呼吁全面禁止转基因食物；一些美国人甚至在美国农业部前脱得一丝不挂地抗议政府生产转基因食品；2001年9月下旬，一些法国人割去了转基因玉米。意大利、奥地利、卢森堡政府明令禁止农民种植转基因大米。但另一些人则在趋利避害地继续从事转基因食品的研究和开发。甚至企图通过转基因技术对人进行重新设计。

墨西哥国家科学院的负责人弗朗西斯科·博利瓦尔·萨帕塔认为，转基因技术和其他任何技术一样都可被错误利用，不能因刀可用于杀人就禁用。洛克菲勒基金会的康韦则更乐观地认为"到2020年时"，转基因作物将是唯一提供粮食的办法。

2000年2月28日，一个有关转基因食品安全性的国际论坛会在英国爱丁堡开幕，会议呼吁人们对这类具有革命性但有争议的食品保持谨慎并合理的评价。同年3月在加拿大蒙特利尔有130个国家签署的《生物安全议定书》，对经过转基因处理的种子的交易进行了限制，但并未限制其种植。而这一年3月15日联合国粮农组织则呼吁慎用转基因食品。

看来，如何趋利避害地利用转基因技术造福人类，将是科学家们面临的重大课题。例如，在防治病虫害方面，人们就在向眼镜蛇学习——企图利用这些技术找到只杀死对手而不伤及自身的方法呢？例如，在20世纪60年代，澳大利亚就针对"兔满为患"和"鼠满为患"，采用了免疫避孕的生物技术来除害，取得了很大的成功。他们的方法是，用黏液瘤病毒（或遗传改造的病毒、转基因病毒）施放到兔和鼠身上，使它们失去生育能力。

滥用抗生素酿苦酒

2005 年的一天，北京某大医院来了一位"高学历"的青年病人。当医生用抗生素（即抗菌素）给他治疗的时候，却惊奇地发现，任何一种抗生素，包括威力最强大的万古霉素都没有疗效，结果不治而亡。

为什么无效呢？百思不解的医学专家们解剖了他的尸体，最终的发现更惊人——他的肠道中有多种对抗生素"百毒不侵"的"超级病菌"！

那怎么会有这些超级病菌呢？对这位"高学历"的"生前调查"得知，它们是他自己"吃"出来的。原来，他认为，在食堂等公共场所吃饭之后，都有不少病菌被吃进肚子，所以就自以为是地在每顿饭之后吞下两粒抗生素药丸来及时杀死它们。

其实，这类滥用抗生素酿成苦酒的例子多如牛毛。为什么会这样呢？我们还是从抗生素的身世说起。

青霉素的基本结构

1928 年，英国微生物学家、细菌学家弗莱明（1881～1955）发现了青霉素。后经出生在德国的英国生化学家钱恩（1906～1979），和出生在澳大利亚的英国牛津大学病理学家弗洛里（1898～1968）的研究，最终成为具有惊人疗效的药物。它不但在第二次世界大战期间成功地挽救了成千上万病人的生命，而且使人的平均寿命延长了 15 年。

青霉素的确太重要了——看一看我们医院里每一天都在用这种良药就知

道。不但如此，由于这种抗生素的发现，还引导人们陆续发现了更多的抗生素：链霉素、氯霉素、土霉素、四环素、先锋霉素……至今已有200多种。

种类繁多、用途广泛的抗生素大显神威之时，滥用也就开始了。

在20世纪末，有人对北京某大医院随机抽取了999份病例，发现有714例使用了抗生素，占71.4%。这些病人用过9类35种抗生素，有的还用二联、三联、四联，即多种抗生素"联合作战"。广东省不良反应中心郑彦云主任在2003年12月初说，当时国内每年有20万人死于药品不良反应，其中8万人就是抗生素"药"死的。而2006年4月9日中央电视台新闻频道在"每周质量报告"中透露的消息，则更加触目惊心：在全国的三级甲等医院里，住院和门诊抗生素的用药率，分别超过60%和25%，药费则超过总药费的40%；在销量最大的药品中，前15名都是抗生素！这类滥用抗生素的惊人数据不胜枚举。2007年4月25日公布的一项统计也非常惊人：2006年北京市一半的药品不良反应，是由抗菌类药引起的。

滥用抗生素，会产生巨大的危害。

细菌从形态上分为三种：从左到右为球菌、杆菌和螺旋菌

滥用抗生素的第一个重大危害，是细菌会产生抗药性。细菌从生物"适者生存"的本能出发，迅速通过基因变化，产生抗药性，并遗传给迅速不断大量繁殖的后代。例如，面对青霉素对自己的杀灭，许多细菌都会产生出一种叫 β−内酰胺酶的物质来对抗。这种酶能破坏抗生素的化学结构，使其失效；并将其遗传给24小时内繁殖的1 677 720个惊人数量的后代，从而使更多的细菌对抗生素产生抗药性。我们经常听到这样的病例，多次使用某一抗生素的病人，当初用药时一用就灵，后来就收效甚微了，其原

因就在这里。

据美国亚拉巴马州立大学教授、美国微生物学会前任主席盖尔·卡斯尔统计，在美国，90%以上的葡萄球菌株，对青霉素及相关抗生素都产生了抗药性。而葡萄球菌是肺炎、脑膜炎、败血症、儿童耳部感染等疾病的元凶。

1998年初，世界卫生组织对35个国家的5万名结核病患者调查表明，结核杆菌的抗药性已遍布全球。在青霉素攻击下已"灰飞烟灭"的肺结核病，近年又已死灰复燃。例如，在2000年3月29日，中央电视台1套节目，就在"晚间新闻"中，报道了一种新的抗药性肺结核病在西方蔓延的消息。

在2004年10月2日，香港《东方日报》刊登了中国台湾独有的一种超级细菌（ODRAB），"攻陷"了中国台湾从南到北的医学中心，几乎无药可治的消息。原因也是滥用抗生素。

在2005年底，中国卫生部的一项调查报告指出，滥用抗生素已经产生出许多种耐药的"超级细菌"。

这类"超级细菌"的实例，是一种由已有菌种因"基因变异"产生的新菌种——"超级肺结核杆菌"。《华盛顿邮报》在2007年5月初报道，产生这种变异的主要原因是滥用抗生素，而它对绝大多数抗生素都具有抗药性，已经在全球37个国家传播。美国疾病控制中心发表的统计数字表明，它引起的人患肺炎的死亡率高达50%！

《美国医学会杂志》周刊在2007年10月16日报道，一种被称为"超级病菌"的耐甲氧西林金黄色葡萄球菌（MRSA）正肆虐美国，每年让9万多人感染。第一次发现MRSA是在1961年。目前，证实对它有效的抗生素，只有万古霉素。MRSA破坏肌肉、感染血管，所引起的疾病的死亡率，已经超过艾滋病，位居世界三大最难治愈的传染病之首。

有人说，科学家们针对这种酶发明一种威力更大的、能破坏这种酶的又一种抗生素不就解决问题了么！科学家们的确也生产出这种酶的抑制剂，但不幸的是细菌又产生出一种对它耐药的基因。

不但如此，更使人惊叹的是，一些细菌还把杀灭它们的抗生素当做食物，使人束手无策。例如，英国圣乔治医院在 1996 年 2 月，分别对 64 岁和 60 岁的两位男性病人手术后注射了防止感染的万古霉素。后来，医生在做术后疗效检查时惊奇地发现，二病人体内出现了一种不但不能用万古霉素杀灭，反而可以吃掉万古霉素的超级细菌。经微生物学家研究，证明这是一种因滥用万古霉素之后由普通肠道球菌产生的变种。更使人奇怪的是，当停用万古霉素之后，这种细菌会因缺乏食物——万古霉素而饿死！

抗药性的产生有时会使医生或病人困惑无奈。例如，在 2000 年 3 月 8 日，中央电视台 1 套节目的"晚间新闻"，报道了北京住院病人孙美艳在三八国际妇女节 50 周年献爱心的事迹。这一天，她的哥哥替她办好了向社会捐赠眼角膜的合法手续。而她，则是在历经十多年淋巴瘤治疗，对所有抗生素都产生抗药性之后，认为治疗无望才做出这一善举的。

不过，人们有时也燃起一点希望。在 20 世纪 80 年代，医学家发明了氧氟沙星和氯氟沙星，有人就说这不大可能产生抗药性了，因为它们是人工合成而不是从天然物质中提取的——细菌并不"认识"。但无情的事实是，它们不久就产生了抗药性！

这真是一个怪圈。要杀灭细菌，就必须用抗生素；而滥用的结果，却使这些小家伙产生抵御的本领。于是再寻利剑，但同样"教会"它们抵抗的"方法"和"提供"抵抗的"武器"或"食物"。看来，人类用抗生素杀灭病菌治病的过程，好似一场你来我往、胜负难测的拉锯战。悲观的医学家们甚至认为，人类很有可能会回到那"没有抗生素的黑暗年代"。

滥用抗生素的第二个重大危害，是使人的体质下降。

体质下降的表现之一是免疫力大大降低。诚然，导致人类免疫力降低的原因很多，例如安逸的生活、环境的污染等，但滥用抗生素也是原因之一。

以美国为例，医生每天要为病人开出 1.5 亿张抗生素的处方，这就必然导致这类发达国家的人的免疫力下降——1993 年发生一次肺结核病大流行就是例证之一。这一年，加利福尼亚州威斯敏斯特市一所中学，突然爆发了早已被消灭的肺结核病。它是一位越南移民患上肺结核病后，移民到美国传染给该校几百名学生引起的。而且使人瞠目结舌的是，医生在给这些学生治病时发现，这种肺结核对各种抗生素都有耐药性。最终认定，这是一种新型的肺结核杆菌引起的大流行病。虽然这次流行病最终无人死亡，仅有一女生切除部分肺叶，但这说明了滥用抗生素确实产生了抗药性，而且说明美国人的免疫力确实下降了——患有该病的那位越南人的原居住地并没有这种流行。

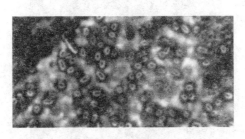

肺炎克氏杆菌

体质下降的第二种表现是人的某些功能（例如生殖功能）下降。近年的调查表明，男子精液在逐渐减少，除了其他原因——例如环境污染以外，滥用抗生素是重要的原因。

体质下降还表现为艾滋病等疾病的泛滥，这也与滥用抗生素有关。

滥用抗生素的第三个重大危害，是加重经济负担。据美国疾病控制与预防中心统计，美国每年用于完全不必要的抗生素治疗，就多花去 40 亿美元！治疗一个普通结核病人仅需 2 500 美元，而治疗一名耐抗生素的结核病人则要用去 25 万美元——为前者的 100 倍！

滥用抗生素的第四个重大危害，是破坏环境和生态。美国伊利诺易斯大学的微生物学家鲁斯特姆·阿米诺夫等发现，土壤和农田地下水中的细菌，从来自猪的肠道菌那里获得了耐受四环素的耐药基因。一旦发生转移，耐药基因可以长期存在于土壤和水生细菌中，而且可能传播到环境中危险性极大、毒性极强的细菌身上。如果人饮用这样的水，毒性极强的耐药细菌也可以传播给人。事实上，阿米诺夫等对两个养猪农场的水塘和它下面的地下水库、

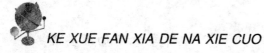
土壤的调查，就表明这些地方确实有和猪肠道中一样的细菌携带的四环素耐药基因。

为什么会出现四环素耐药菌的生态转移呢？在 20 世纪末，虽然欧盟就禁止对动物使用大多数抗生素作为生长促进剂，但至今美国农民还在把诸如四环素、青霉素和链霉素之类的抗生素，"常规地"添加到饲料中——以促使牛、猪等抗病而快速生长。

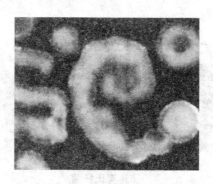

显微镜下的流行性感冒病毒

类似的情况是，抗生素还被作为植物生长促进剂——以促使农作物抗病而快速生长。

既然滥用抗生素造成这么严重的危害，因此正确的做法是，能不用的就不用，能少用的就不多用，能口服的就不注射，能肌肉滴注的就不静脉滴注，能用窄谱的就不用广谱的，用一种就能"搞定"的就不用多种。例如，感冒以后，许多医生都要开出含有某些抗生素的处方。其实，90% 以上的感冒，都是病毒性而不是病菌性的，而抗生素对病毒无效。所以，对症状轻微的病毒性感冒，完全不需要用抗生素治疗，甚至不必用任何药物，只需大量喝白开水，通常一周以后就"没事"了。

中国——世界上滥用抗生素最严重的国家之一，近年也逐渐"觉醒"了。在专家们纷纷痛陈和各界的努力之后，就有了从 2004 年 7 月 1 日开始的规定：没有列入非处方药品目录的各种抗菌药，在全国范围内所有零售药店必须凭执业药师的处方才能销售。

当然，更重要的是改变思路。例如，抗生素是和机体的免疫系统共同作用来对付病原体的，因此，绕开抗生素没有绕开的免疫系统，发展生物制剂，以取代或部分取代一些抗生素，开发免疫疫苗提高人的免疫力，就是思路之一。生物制剂又称生物活性制剂或活性制剂，是指以微生物、寄生虫、动物毒素、生物组织为原料，用生物学工艺或分离纯化技术制备，并以生物学技术和分析技术控制中间产物和成品质量制成的生物制剂。它包括菌苗、疫苗、毒素、类毒素、免疫血清、血液制品、免疫球蛋白、抗原、变态反应原、细胞因子、激素、酶、发酵产品、单克隆体、DNA 重组产品、体外免疫诊断用品等。此外，有科学家预言，在 21 世纪，抗菌肽可能取代抗生素。

另有一种思路是，和细菌"和平共处"。例如，在 2004 年初，德国马克斯·普兰克研究院生物学家格雷戈里·韦利舍和他的生物学家的妻子于云素就发现，一种叫"Myxococcus xanthus"的细菌的变种，能够创造新型的集体活动。

从滥用抗生素的失误可以看出，事物总是利弊相伴相生的。因此，我们必须从长远来考虑这个世界的"平衡"。

附录：部分对一些细菌不再有效的抗生素

氨基糖苷、头孢菌素、红霉素、青霉素、四环素，万古霉素对肠道球菌引起的败血症和外科感染无效。

氯霉素、青霉素、四环素、三甲氧苄二氨嘧啶、磺胺、甲基异恶唑对嗜血杆菌属引起的脑膜炎、耳感染肺炎、窦炎无效。

氨基糖苷、乙胺丁醇、异烟肼、吡嗪酰胺、利福平对结核菌引起的结核病无效。

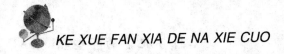

青霉素、大观霉素、四环素对奈瑟氏菌属引起的淋病无效。

氯奎对疟原虫引起的疟疾病无效。

氨苄青霉素、氯霉素、四环素对志贺氏痢疾杆菌引起的严重腹泻无效。除万古霉素外的所有抗生素对金黄色葡萄球菌引起的败血症、肺炎外科感染无效。

氨基糖苷，先锋霉素、氯霉素、红霉素、青霉素、四环素、三甲氧苄二氨嘧啶对链球菌引起的脑膜炎、肺炎无效。

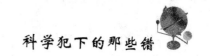
维 C 不是万灵丹

"我的毕生精力都致力于伟大的科学事业，他们说我自命不凡、异想天开，的确如此，但我知道自己始终都是对的。"

这是一位有令人眩目科学成就的科学家的感言——充满桀骜不驯个性和天纵豪情的感言。那么，他是谁呢？

自从 1747 年苏格兰内科医生詹姆斯·林德（James Llind）首次宣布用水果（富含维生素 C）治愈了坏血病以来，人类就开始关注维 C。美国保健和营养领域的权威、《纽约时报》著名科学撰稿人简·卡帕写的《延缓衰老》一书中，也提到维 C 可防治坏血病。

1933 年，英国生化学家、1937 年诺贝尔化学奖得主瓦尔特·诺曼·霍沃斯（1883～1949 或 1950）成功合成维生素 C——人工合成的第一种维生素以来，人类就为 19 世纪早已发现的这类"营养要素"派上更大的用场绞尽脑汁。两届诺贝尔奖得主、美国著名化学家吉莱纳斯·鲍林（1901～1994）就是其中之一。

霍沃斯

于是，在最近二三十年，全世界就流行着一种观点，认为大量服用维生素C可以预防治疗感冒、癌症、心脏病等疾病，能够增进健康、增加生活快乐，延缓衰老。总之，维C成了包治百病、延年益寿、提高生活质量的万灵仙丹。与此对应的"正分子医学"，也盛行一时。而这种观点就主要来自"自己始终都对"的鲍林。

鲍林并不是一位医学家，那他怎么会从事医学研究，又怎么得出这一结论的呢？

1968年，鲍林将兴趣转移到医学领域，而这是一位名叫欧文·托通（I. Stone）的"生物化学家"写信给他引起的。托通在信中说，有计划地服用维C，将有益健康和治疗感冒。鲍林和夫人爱娃如此照办，果然健康状况有所好转；偶尔一次轻微感冒，服用大剂量维C后也痊愈了。鲍林认为，许多人对维生素的日需量，是无法从正常的食物中得到的。因此，他和精神病科医生霍金斯共同探讨后得出结论：许多人的异常行为实际上是因"分子失衡"引起的，只要在合适的时间给予恰当的营养素分子就可治疗这些疾病。为此，他们将这一观点称为"正分子精神病学"——通过为大脑提供最适宜的分子环境，特别是正常存在于人体的物质来治疗精神疾病。后来，他们又将这一观点推广，以治疗其他各种疑难杂症，名称也推广为正分子医学或"正分子疗法"。这一疗法的关键，在于找到能使人处于健康状态的"正分子物质"——维C就是他们心目中的这种物质。

有了上述认识，鲍林就在1970年出版了他的著作《维生素C与感冒》，提出一个人如果每天坚持服用1克甚至更大剂量的维C，就可预防感冒。这本书因其具有实用特色而一度畅销。1976年，他将此书修订为《维生素C、感冒和流感》出版，此书中维C的剂量已经大幅度增加，能防治的疾病也增加了流感等。1979年，他的思想再度发展，出版了《维生素C与癌症》，提出每天服用10克维C后，甚至连癌症也可辅助治疗。到了1986年，在他出版的《怎样才能感觉舒适、寿命延长》一书中说，大量服用维C"可增进健康，增加生活快乐，有助于防治心脏病、癌症和其他疾病，并且延缓衰老"。他在这本书中，还引用了艾伯特·圣特—焦尔季（1893～1986）写给他的信中的话说："人可以服用任何剂量的维C，一点危险也没有。"要知道，这位出生在匈牙利的美国医学家艾伯特，可不是等闲之辈——由于对维C等的研究成果，曾荣获1937年诺贝尔医学和生理学奖！

那么，鲍林的这些观点有没有实验事实为依据呢？"有"的。

1976年，鲍林和苏格兰医生伊文·卡梅伦每天按10克剂量治疗100例晚期癌症患者，然后将另外1000例接受其他药剂治疗的病人作为对照组，比较他们病情的发展和幸存者的比例。结果发现，服用维C组的病人平均多活了300天。此外，鲍林一家坚持把鲍林夫人爱娃在72岁经胃癌手术后，还能活上5年归功于维C；而鲍林也将他飘拂的白发、浓密的双眉、红润的面颊、充

鲍林夫妇

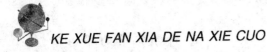

沛的精力归功于维 C。

那么，上述鲍林的实验事实，是不是真的能令人信服地证明大剂量维 C 的确能防治所提到的疾病呢？不能。

上述鲍林和卡梅伦的两组实验，其临床判断标准和治疗方法实际上无法完全平行，因此是不可比的；特别是没有采用"双盲对照法"做实验，其实验结果是靠不住的。这是因为疾病的治疗包括心理和药物两个方面，而且当药物治疗不起作用的时候，有时心理治疗会不同程度地起到作用。完全可以设想：我们告诉 1 000 个癌症患者，伟大的科学家鲍林能拯救你们危在旦夕的生命，只要坚持每天服用大剂量的维 C 就行了；很显然，此时病人心理上会得到极大的安慰，由此会延缓病情进一步恶化的进程，因而寿命自然会多少延长一些。但是，显然这并不能证明鲍林的理论是正确的——我们如果不是用维 C，而是用面粉或其他无害物质来代替维 C，也会取得同样的效果。

事实上，早在鲍林 1970 年的书问世之前，已经有一些研究否定了维 C 能防治感冒。例如，1967 年英国就有一个著名的感冒研究小组对志愿者的试验证明，维 C 没有显示出任何预防效果。到了 1970 年，美国的医学家们也纷纷进行维 C 防治感冒的临床试验，结果很多设计周密的双盲对照试验几乎都一致证明，大剂量维 C 不能明显地防治感冒。而 1975 年卡罗夫斯基等在美国国立健康研究院工作人员中随机选择志愿者进行的一项试验，也戏剧性地否定了维 C 能防治感冒的观点。

那么，对维 C 能减缓癌症的说法又是否得到证实呢？也没有。

维 C 抗坏血酸的结构

美国一家著名的医院对 367 例晚期癌症病人进行了随机双盲对照试验。结果发现，每天吃 10 克维 C 的病人，并不比吃安慰剂的病人效果好。

总之，维 C 治癌的说法，从来没有得到过严格的和无可辩驳的证实。

鲍林认为有效，其他一些科学家认为无效，于是争议就不可避免了。

1973 年，为了明辨是非，美国精神病学会、国立精神健康研究院、美国和加拿大的儿科学会，纷纷对鲍林的疗法进行严格审查，结果一致认为他的疗法无效，而且在多数情况下还可能有害。美国的权威科学杂志拒绝发表鲍林的论文，反而刊登批驳鲍林观点的文章。1985 年初，美国梅育诊所的研究人员再次否定维 C 能防治癌症的观点，《新英格兰医学》杂志也赞同这种观点。而鲍林则对他的观点笃信不移，对上述意见不予理睬或表示异议。例如，经过他一再解释、8 次申请、力排异议，1980 年美国癌症协会终于决定拨给经费，批准以他的名字命名的科学和医学研究所进行再研究。再如，他曾希望梅育诊所和《新英格兰医学》杂志改变态度。

由上可见，鲍林在维 C 治病的研究中有许多失误。而他是诺贝尔奖历史上唯一两次单独获奖的人——因对化学键本质的研究得 1954 年化学奖，因反对把战争作为解决国际冲突的手段得 1962 年和平奖。所以，我们从这样一位"科学大腕"的失误中吸取教训就非常重要。

首先，鲍林之所以在晚年进入到他并不十分熟悉的医学领域，这与"生物化学家"斯通有关。斯通是一个仅学过两年化学、由一所未经承认的函授

鲍林

学院授予"博士"学位的、科学品性有问题的人。但鲍林却对他偏爱不已，与之长期合作，从而在失误的路上越走越远。可见，科学家涉足自己并不十分熟悉的领域时，应慎之又慎，以免被人"牵着鼻子走"。

其次，鲍林的失误还与经济利益有关。1973 年，鲍林科学和医学研究所成立，而该所得到的最大捐助则来源于一家生产维 C、在世界市场占很大份额的药业集团。于是"利益互换"的关系形成了：集团出资支持研究所，研究所宣传该集团所生产的产品能治百病。这时，什么科学家的责任、良心、实事求是的精神已荡然无存。由此可见，一个科学家如果被"不义之财"迷住双眼，那他就可能产生失误。

此外，在 1977 和 1979 年，鲍林得到美国营养食品协会的颁奖，而这一协会则是专门产销"保健食品"的商会。1981 年，美国健康联合会又授予他"保健自由贡献奖"，并接纳他的女儿为终身会员；这个联合会是靠促销各种真假保健品为生、以营利为首要目标的、并不正经的团体，它的许多领导人曾犯法甚至关监。但是，当 1983 年"保健食品"推销商福尔可尼因虚假的产品宣传遭到指控后，鲍林居然还为他辩护。由此可见，鲍林"吃"了别人赐给的"荣誉"等之后，必然"口软"。科学是要和生产、生活、科研"联姻"而进入社会的，但如果为一己的私利驱动，不顾大多数人的利益，必然走向歧途。

当然，单凭上述鲍林受到资助就宣传维 C 作用的事实，是不能作为"判罪"依据的。因为假如维 C 确有他说的疗效，那宣传维 C 恰好是有益的。但是，事实却正好相反。例如，鲍林研究所的第一任所长罗宾逊在1978 年的一项研究表明，动物食用相当于鲍林推荐用于人的每天几克的大剂量维 C 后，常常可促进某些癌变。但是，鲍林却掩耳盗铃——销毁了罗宾逊的研究材料。

那么，鲍林为什么能高寿，爱娃为什么又能在 72 岁癌症手术后活上 5 年呢？这决不是维 C 的功劳。乐观进取的精神、幸福美满家庭的和谐感、巨大成就带来荣誉的愉快感、正常的饮食起居和良好的生活习惯，才是高寿的"秘诀"。"欢乐带来健康，健康带来欢乐"——但愿读者朋友的一生能这样

维 C 晶体

度过。

现在，对维 C 的研究，主要集中在两方面：是否的确能预防从感冒到癌症的一系列疾病甚至延年益寿；如果能预防某些疾病，剂量究竟多少合适。最新的研究成果是 2007 年 7 月 18 日英国《独立报》报道的：大量的试验表明，维 C 不能预防感冒，即使大剂量也无济于事。

1994 年 8 月 19 日，自称是"化学家、物理学家、结晶学家、分子生物学家和医学工作者"的鲍林，以 93 岁的高龄在加利福尼亚的家中辞世。这位曾被英国《新科学家》周刊评为"人类有史以来 20 位最杰出的科学家"之一的人逝世时，也被路透社称为"本世纪最受尊敬和最受嘲弄的科学家之一"。的确，被爱因斯坦赞扬为"真正的天才"的鲍林，也和英国生物学家达尔文、爱因斯坦一起，以"科学史上三大争议人物"载入史册。而科学，还远远没有走到尽头，谁也不能担保自己"始终都对"……

不过，我们依然要为鲍林的创新探索精神喝彩。同时，我们也在盼望彻底揭开维 C 奥秘的那一天——"不在乎等待几多轮回"。

一朝疯牛酿大灾

1985 年的一天，英国医生惠特克被一阵急促的电话铃声惊醒——一个奶农打来的电话。十万火急！惠特克被呼唤到一个叫普伦顿的庄园里……

一年以后的 1986 年 10 月 25 日，同样是英国奶农的呼唤——这次是在英国东南风光绮丽的阿福什德小镇上……

这些英国小镇上究竟发生了什么事？当然，是关于奶农的。

我们先把日历翻到 1995 年。这一年，英国发生了疯牛病灾难，成批的牛死于非命，牛肉不能食用。1996 年 4 月 3 日，欧盟决定暂时禁止英国向欧盟或其他国家销售活牛、牛肉和其他牛制品，还要求英国将出生 30 个月以上的所有肉牛全部宰杀并安全销毁。由于这一禁销，英国每年出口牛肉所赚的 40 亿英镑全部"泡汤"，政府还在这一年向牛农支付 8.5 亿英镑的养牛赔偿。到 1997 年 1 月，全英国 1200 万头牛因疯牛病死于非命的就有 16.5 万头。1999 年，虽然欧盟已对英国牛肉解禁，但每年进口 2.4 亿英镑牛肉的欧盟成员法国，直到 2002 年 10 月 2 日才宣布解禁。由此可见，这场疯牛病灾，不但沉重

疯牛灾中牛肉销售量一滑千里

地打击了英国经济，而且导致严重的政治后果——英国与一些国家因此关系紧张。

据世界卫生组织在 2000 年 12 月 22 日说，1986 年以来英国共确认了 18 万例疯牛病，欧洲其他国家有 1300～1400 例，以至 2000 年的圣诞节一些西方人依然"谈牛色变"，不敢让牛肉成为桌上美餐。其后的形势也不容乐观：加拿大、阿根廷相继发现了零星几例疯牛病，且与进口英国牛肉有关；从 2001 年 8 月 6 日日本千叶县发现疯牛病开始，其他许多国家都相继发现了疯牛病：2005 年 7 月 10 日西班牙马德里的一个疯牛病患者死亡，2006 年 3 月初、3 月 14 日、4 月 16 日和 11 月初，瑞典、日本、加拿大和奥地利都分别发现疯牛病……这场威胁全球的"疯牛灾"，使中国在 2003 年 12 月 25 日起禁止从美国进口牛肉和相关制品（牛奶、牛皮除外）；直到 2006 年 1 月，日本还在头一年解禁后再次对美国牛肉说"不"。

那么，这场疯牛灾是怎么爆发的呢？

1995 年 5 月，英国一个名叫史蒂芬的 19 岁小伙子，因为吃了患疯牛病的牛肉而突然死亡。这场疯牛病灾就是从此开始的。当然，在此前的 1993 年和 1994 年，英国也各有一个 15 岁女孩和一个 16 岁女孩患疯牛病而死。

为什么人吃了病牛肉会遭殃呢？人们认为，人吃了这种肉、内脏、牛奶会染上疯牛病，而疯牛病可以引起人的"克—雅氏病"。

那什么是克—雅氏病呢？

1913 年，德国的布列斯劳。一个修道院 23 岁的女仆突然神经病发作，神情呆滞、浑身抽搐地时而大声尖叫"鬼魂缠身"，时而自我狂笑不止……最终，她在两个月后死于癫痫病。此外，在德国的汉堡，也发生过类似的病例。德国医学家克洛伊菲尔德解剖了她的尸体，发现她的脑部没有发炎，但却严重受损——有不知道的物质杀死了数以百万计的脑细胞。他意识到这是一种新疾病，于是在 1920 年发表了相关论文。这篇论文引起了另一位德国医学家雅科布的共鸣——此前他也遇到过类似的病人。从此，这个新的脑疾病，就用他们的姓氏命名为克－雅氏病。

克－雅氏病名称的来源，还有另一种说法。1957 年，克洛伊菲尔德和雅科布在巴布亚新几内亚的一个原始部落里，发现土著居民流行着一种不知名的传染病，病人可在发病后很快死亡。由于其病因不明，也没有找到相应的病菌或病毒，于是就以他们的姓氏简称为克—雅氏病。

此外，在20世纪四五十年代的欧美一些国家，也发现过类似克—雅氏病的疾病，但发病率低至1/10000，且仅局限于老人，所以并没有引起足够的重视。

但1995年这次不同了，到1997年3月，英国就确认了17例克—雅氏病人。到2000年底，全世界共发现87例病人，其中法国和爱尔兰各为3例和1例。临床上将这种病称为"新克—雅氏病"（CJD）。CJD可导致脑损害、人变得痴呆、迟钝、震颤，并最终因大脑严重破坏而死。对CJD病死者的尸检发现，其脑组织充满像海绵一样细小的空洞，因此CJD又称为"海绵状脑病"。人们还发现，患疯牛病的牛脑组织中也广泛存在着类似的细小空洞，因而疯牛病也叫海绵状脑病（BSE）；这样，人们认为吃疯牛肉可引起克—雅氏病也就不足为奇了，这也是各国禁止进口英国牛肉的原因。不过，据中央电视台第一套节目2001年10月13日"早新闻"报道，一个英国科学家撰文认为，CJD与食用疯牛肉无关。

英国是一个养牛大国。从20世纪开始，农场或牛农就在生物遗传研究者的指导下，进行牛的改良育种。他们期望通过一代又一代的遗传、优生，培养精肉多、肉质好、含氨基酸种类多、体大、产奶多的优良牛种。经过一代又一代的优生改良，闻名于世的优良英国牛种形成了，英国牛以肉嫩、奶美且富于营养畅销国内外。

但是，到了前面所说的1985年和1986年10月25日，就发生了令人不愉快的事：奶牛无精打采、站立不稳、走路时步履艰难、跟跄欲倒，最后竟病得倒地不起、口吐白沫。最后，经英国最权威的兽医威塔克确诊为疯牛病，这是英国最早发现的疯牛病例。

那么，疯牛病从何而来的呢？研究人员通过调查认为，其起因是饲料。1981年，英国制定的牛饲料加工工艺规定，可以使用牛羊等动物的内脏，这就使得这些内脏中的称为朊病毒的蛋白质随饲料进入牛体内。人们认为，这

种毒蛋白正是引起疯牛病的元凶。

本来，这一发现和随之进行的研究应该成为英国防治疯牛病的新起点，但遗憾的是，其后大约 9 年的时间内，并没有引起英国政府足够的重视，以致引出 1995 年起持续至今的疯牛病及后遗症。

疯牛病还可以在羊与羊之间传播，这是英国科学家首次发现的。这个研究成果，发表在 2005 年一期《兽医学报告》上。

从英国政府在疯牛病问题上的失误我们可以得到以下宝贵的教训。

首先，应牢固树立"人无完人"、"物无完物"的思想，以便正确对待各种人、事、物。"人无完人"的思想，人们并不陌生，道理也极其明了。"物无完物"的例子是，就在疯牛病肆虐英伦三岛之时，却从英国一个偏僻农场里传来了好消息。这里，一对老夫妇养的一群未经遗传优生改良的、又瘦又小的土牛却一个也没得疯牛病。这时，人们才如梦方醒：没有改良的牛保留了超强的抗病毒能力，而改良的牛种在被改良时抗病毒能力也被"改"掉了。于是人们终于明白"牛无完牛"：要么抗病力强，其他方面差；要么正好相反。那么，"鱼和熊掌"可以兼得吗？我们拭目以待。

其次，"物无完物"的思想还告诉我们，在进行动植物品种改良时，切不可片面追求某些指标而将优点弄丢以致得不偿失。在生物工程、遗传工程、基因工程、克隆技术高度发达的今天，你仍然不要指望得到十全十美的生物。在进行科学发明时，不要指望你的发明总是有益的，否则就会像英国著名作家赫胥黎在 1932 年的小说《精彩世界》中所说的那样，"世界将因人类科技的进步而陷入噩梦般的境地"，最终自食其苦果。

最后，英国人没能将"物无完物"的思想应用在当初发现第一头"疯牛"之后，还与他们过于钟爱自己的优良牛种有关：大半个世纪都这样平平安安过去了，吃喝着良种牛的嫩肉鲜奶，有谁还会去重视它的抗病能力或像疯牛病这样的病情呢？盲目乐观、不愿正视不利的现实，这是许多人的通病，往往此时，离灾难的降临就不远了。

专家未必内行

1875 年 6 月 2 日，出生在苏格兰的美国发明家贝尔（1847～1922）和他的助手沃特森发明了电话，并于次年 3 月 6 日取得了这项发明的第一个专利。

贝尔取得电话机的发明专利后，由于无力推广，就和哈伯德一道去推销这一发明。他们找到了电报公司的经理 C. 迪普，要他购买电话机的专利——价格低廉。迪普对这一发明是否有价值，也吃不准，就去请教他的技术专家。这个技术专家说："这是一个绝对不合理的装置，他们想要在这个城市的每个家庭和营业机构中都安上一台电话装置，这简直是一种愚蠢的想法。当一个人能够派他的信使到当地电报局，把一份写得很清楚的消息发往美国境内的任何一个大城市时，他为什么要使用这种笨拙而又不切实际的装置呢……哈伯德的预测尽管听起来娓娓动人，但这是出自猜想，电话只不过是个玩具，或者是个实验室珍品。"就这样，贝尔的电话遭到拒绝。

不但迪普的技术专家对电话的前景没有信心，而且，远在大西洋彼岸的英国电报专家们也不屑一顾。当电话的发明消息传到英国的时候，著名物理

贝尔和世界上第一部电话机

学家法拉第（1791～1867）的学生、英国电信界权威、英国邮政总局总工程师威廉·亨利·普利斯（1834～1914）爵士说："这个东西，我们英国不会流行，谢天谢地！我们伦敦有足够的小邮差，可以将紧急情况从此地传到异乡。"

这种"没有信心"，还在电话获得专利后不久在费拉德尔菲业市（费城）举行的美国建国百年纪念博览会上表现出来。起初，电话机被陈列在教育厅出口的角落里，一连几天没人理睬，讲解员也"目中无机"。后来，巴西王太子彼得罗看到电话机，在贝尔向他介绍并当场表演以后，这位王太子动心了："我的天哪，这钢铁玩意竟会说话！"并当场表示要买一批回国。这样，电话机才被"重点照顾"——搬到最引人注目的地方。不过，虽然电话机引起了观众的极大兴趣并得了奖，东方联合电报公司还用 10 万美元买得电话发明权，但是却拒不购买贝尔的电话。

那么，这些专家的看法正确吗？还是"用事实说话"吧。时至 1880 年——距贝尔发明电话仅 4 年多，美国已有电话 48 000 部，而 1900 年则达到 1 355 900 部。而今天则更是走向世界各地的亿万人家，成为现代社会不可或缺之物——在某些时候，夺取了邮差的"饭碗"。

由此可见，专家未必内行。他们的失误在于，囿于传统（信件和电报），没能看到新生命（电话）的生命力和优点。

不过，贝尔和哈伯德比起他们的一个同胞来说，还算是幸运的。就在贝尔发明电话之前一年即 1874 年，一个美国人声称他能制造出一种用金属导线连接的装置，使距离遥远的人们相互交谈。结果，他被认为是"吹牛大王"和"十足的骗子"，被抓进了监狱。

打破传统观念的发明创造，没有被同时代人认识的例子不胜枚举。英国著名物理学家开尔文（1824～1907）认为没有任何前途的无线电报已有 100 多年的辉煌。中国最早享用汽车的慈禧太后因司机与她并排乘坐而龙颜不悦，视汽车为不祥之物——但这并未影响它在神州大地奔驰。欧洲的神职人员认为避雷针使人类逃避上帝的惩罚而强烈反对——但这并未能阻止它遍布世界……

不过，像普利斯、开尔文这样的"近视眼"，还是层出不穷。

1961年，即成功发射第一颗电视转播卫星的前一年，美国联邦通讯部门的专员克雷文还说："实际上，还看不出通信卫星会对改善电话、电报和电视广播服务提供机会。"

1964年，国际商业机器公司（IBM）的创始人托马斯·沃森曾说，世界市场对计算机的需求大约只有6部。而另一家美国大公司的一位计算机专家在同一年认为，没有必要研制微机，像美国有十几台大型计算机就足够用了。

……

近100多年来，由某些专家们提出的"专家意见"，在今天看来是荒唐可笑的。但这些意见却给当时当地的"决策者"造成了重大的影响——这些专家的见解，曾在"决策者"中形成多数派意见。因此，"决策者"如何才能别具慧眼，力排"众议"，做出科学的决策，是一个永恒的话题。

科学家也不可能完全正确，永远正确，这正是历史的辩证法。正因为如此，美国的"硅谷"才流传着一句名言："It is ok to fail"（败又何妨）。

当然，这些专家和权威们的失误，并没有挡住科学前进的步伐。同时，这些失误也是我们的深刻教训和宝贵财富。

首先，失误具有"前车之鉴"功能。不研究前人的失败或失误，来者就会重蹈覆辙。有人问爱迪生，他发明白炽灯之前用过几千种材料试验的收获在哪儿？他回答说，至少我知道了这几千种材料不能做灯丝。美国人凯特琳在主持通用汽车公司的时候，也曾对一个做过1 000次试验都遭到失败的技术人员说："你不要把它们都看成失败，实际上你的进展很了不起——已经发现了1 000种方法不合用。"可见，认识到一种失败或失误，就向成功迈近了一步。这正如爱因斯坦所说："发现一条走不通的路，就是对科学的一大贡献。"而一句名言则更简洁："真理诞生在100个问号之后。"这种"前车之鉴"的作用，就是失误的认识功能——认识前人在科研中的思想、方法、实验、观测、数据处理、逻辑推理、思维判断，等等。

其次，失误具有启迪功能。爱迪生发明电灯，就得到此前70多年其他科学家的失败和失误的启迪。对这种启迪功能，英国化学家戴维（1778～1829）

柏格森

曾感受至深地说："我的那些最重要的发现，都是受到失误和失败的启发才获得的。"

最后，失误具有激励功能。在以灌输知识为主要目的的传统教学中，教师按教科书教。教科书则照现代认识的简捷方式和程序编排知识内容，展现出科技知识的"终极"成果，真实认识过程中的曲折和坎坷被夷为坦途，给学生以科技"直线发展"的错觉。这与"科学经历的是一条非常曲折、非常艰难的道路"（钱三强）的史实背道而驰。科学史上许多人经不住久战不胜的长夜的熬煎，看不到黎明前的黑暗之后的曙光，从而功亏一篑；许多人在提出新说后"无人喝彩"而轻易放弃；有的甚至在质疑攻击时经不住"泰山压顶"而被逼疯，甚至自杀。这些，就是"科学上没有平坦的大道"的表现。这正如法国哲学家柏格森（1859～1941）所说："失败是通则，成功是例外。"研究科技所经历的失败与失误中的困惑与探索、彷徨与沉思、沿袭与创新等所经历的漫漫长路、冥冥黑夜和最终迎来的曙光，不但会使来者对从事科研的艰苦性、长期性、复杂性和曲折性在思想上有所准备，因而会万难不屈、百折不回；而且对认识人生之路也会大有裨益，从而在困难、挫折、逆境面前才不会束手无策，甚至厌世轻生，而会认为"失败只是一次经历，决不是人生"（布朗）。由此可见，认识"不平坦"，具有激励功能。

由于研究失误这么重要，所以英国物理学家麦克斯韦（1831～1879）说：

"科学史应该向我们阐明失败的研究过程，并且解释，为什么某些最有才干的人们未能找到打开知识大门的钥匙，而另一些名声又如何大大强化了他们所陷入的误区。"

瑞士心理学家荣格（1875～1961）说过："知识不仅依赖于真理，也依赖于错误。"正因为研究失误和失败具有重大意义，所以当今社会已诞生了一门新的学科——"失败学"。例如，在2000年，日本科技厅针对日本科技领域的几起失误和失败，成立了"活用失败知识研究会"，就是重视这类研究的例证。否则，"愚人还会去愚人去过的地方"。而美国、奥地利等国则相继成立了"失误博物馆"。可见，有远见的人都没有对失误采取"鸵鸟政策"，否则就会像英国著名哲学家和数学家怀特海（1861～1947）所说的那样："畏惧错误就是毁灭进步。"

当然，发明创造的成功只是一个良好的开端。"行百里，半九十"，要让"锁在闺中无人问"的发明创造造福人类，就要靠发明者本人及相关企业家的共同努力。冲破传统观念的顽固惰性，经受住艰苦和磨难——过去、现在和将来都如此。

可喜的是，贝尔并没有因为受挫而放弃努力。于是，他和朋友们在1877年7月成立了一家公司——今天美国电话电报公司的祖先……

复印机面前的憾事

许多科技史文献都记载着，1937 年美国发明家切斯特·卡尔森（J. F. Carlson）发明了世界上第一台干式静电复印机——静电技术的又一重要应用。也有不少科技史文献记载着，美国赫洛伊德公司于 1950 年研制成功了伊洛克斯复印机。

那么，究竟是谁研制成功世界上第一台静电复印机呢？这还得从卡尔森的憾事说起。

卡尔森是一个独生子。但是，由于当流动理发师的父亲患关节炎和肺病无法工作，母亲也患肺病长年卧床不起，所以他 12 岁就在加利福尼亚州圣贝纳迪诺干零活，挑起了抚养双亲的重担。

卡尔森毕业于加利福尼亚大学物理系，1930 年在贝尔电话研究所工作，后来转到该研究所的专利科。又通过一段时间的学习，他获得了法律博士

卡尔森

学位。并于 1934 年在纽约的 P. R. 马洛利电子公司担任专利律师。在实际工作中，有时一个文件需要复制成多份，而一般都是采用手写，费时费力又不能保证质量。那么，有没有省时省力的办法呢？他想到了发明复印机：把要复制的文件往机上一放，一按电钮，所需份数的同样的文件就出来了。

有了这个目标，1935 年 29 岁的卡尔森，就和助手奥托·科尼在临时实验室里开始了研究，但前几次都以失败告终。为了寻找成功的捷径，他带着"改善复印技术"这个笼统的目标，用了三四年中的大部分业余时间在纽约国立图书馆查阅专利文献。

通过系统、耐心的浏览，他终于发现了一些有关复印技术的专利说明书。通过对这些文献的分析，他发现前人的方法都是用湿式化学的方法或力学的方法——用照相底片复制多张照片就是湿式化学的一种。这些方法的缺点，是复制速度慢、成本高。那么，可不可以用物理方法，例如光学、电学的方法来克服这些缺点，完成复制呢？

于是，卡尔森和科尼又开始了新一轮的试验，最终根据异种电荷互相吸引的原理，发明了一种干式静电复印机，并于 1937 年申请了"静电摄影法"专利，授予专利的时间是 1942 年 10 月 6 日。

1938 年 10 月 22 日，在纽约昆斯区的一座普通的工场里，卡尔森和科尼用墨水在一块玻璃板上书写了"Artoria 10 - 22 - 38"几个字。接着，他们用一块布手帕在涂硫金属板上拭擦，使它带上电荷，然后隔着写有字的玻璃板，在泛光灯下将这块金属板曝光 3 秒钟——原来写的字就在板上显示出来了。这样，世界上第一张复印图片诞生了。这张小小的图片仅 5 平方厘米，上边印着："Artoria 10 - 22 - 38"。今天，这小纸片成了珍贵文物。世界上第一台静电复印机也由此诞生。他也分别在 1939 年 4 月 4 日和次年 11 月 16 日取得了静电复印机的两项专利。

在这里，卡尔森用了一种利用专利"空隙"的发明方法。我们知道，不管专利如何密集，其间也有"空隙"——一定有没发明出来的东西。这好似不管一张网有多么密集，也有网孔——"空隙"。以前复印用的是化学、力学方法，卡尔森用的光学、电学方法就是"空隙"。许多发明都是由查询专利文献，利用"空隙"发明出来的。

然而，在1939～1944年间，卡尔森虽然完成了它的发明，却不能销售它的思想。包括雷明顿·兰德公司和国际商业机器公司在内的20多家公司，却没有一家大公司对这一重大发明的商业开发表现出浓厚持久的兴趣，拒绝接受卡尔森的新产品。尽管美国全国发明者理事会看到复印机的需要，但却否定了他的方法。

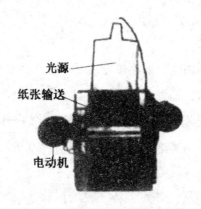

光源

纸张输送

电动机

第一台自动复印机（1940年）

卡尔森仍不断地向四处发信、打电话，以加强他的专利权地位。1944年，他专程到了俄亥俄州的哥伦布市，向非营利性工业研究机构巴特尔纪念学院（会）表演了他的制作法。"巴特尔"表示同意从事复印机的发展工作，但要得到收益的60%。另一种说法是，它用3000美元买下了发明的75%的股份。然而，制造商们对此依然毫无兴趣——其中有的人甚至把他的发明称为"粗糙或玩具式的器具"。

根据合同，"巴特尔"用于研究静电复印机付出的费用超过某个限度时，卡尔森就得多付15000美元。卡尔森取出自己的银行存款，好言劝其亲属慷慨解囊，帮助他凑足资金。但是，卡尔森最终无力支付这笔巨款，只好把专利送给"巴特尔"。

1944年，纽约罗彻斯特的一家制造相纸的小厂——赫洛伊德公司，在开发新产品，从各方面进行市场、产品调查研究的过程中，从发表的一篇专利文献中发现了卡尔森的静电复印技术。他们认为这项技术有一定的发展前途，于是在 1946 年加盟进来，取得了这项技术的专利权。后来，卡尔森也成了这个公司的成员。

1949 年，赫洛伊德公司终于生产出了静电复印机。在历时 4 年、耗资 64 万美元之后的 1950 年，赫洛伊德终于将静电复印机推到商业实用的水平——研制成功了伊洛克斯静电复印机。又过了 10 年，该公司生产了 914 型书桌大小的复印机。这家公司，也更名为以生产复印机而闻名世界的施乐公司。施乐公司的英文名（Xerox），正好是静电复印（Xerography）中开始的几个字母。

当时，在市场上出售的复印机有好多种。其中有伊斯曼柯达克公司的一种采用化合显影剂的"湿写"复印机，和明尼苏达矿业公司的一种利用红外线灯光热量在纸上形成图像的"热写"复印机。而静电复印机突出的优点是：这种复印机用干写法，不需要化学药品或特殊的纸张，而加工出的复印件质量特别好。

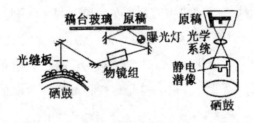

静电复印机原理图

静电复印机的主要部件是硒鼓——它上面涂的硒能在黑暗中留住电荷，一遇光又能放走电荷。把要复印的字迹、符号、图表等通过光照到硒鼓上，就能将这些内容如同在石碑上涂上蜂蜜——楚霸王自刎乌江时那样的蜂蜜，原样"写"在硒鼓上。受光照而又无字的部分放走了电荷，有字的部分留住了正电荷，然后，让带负电的墨粉吸到硒鼓的有字部分上。硒鼓转动时，让带正电的白纸通过，墨粉被吸到纸上，经过高温或红外线照射，让它熔化，渗入纸中。这样，牢固、耐久的字迹和图表就形成了。

由此可见，静电复印机是卡尔森在 1937 年发明的，但他和其后几年内的其他人都没能让它"走向世界",达到实用水平;而是由赫洛伊德公司即施乐公司在 1950 年把它推入实用阶段。

卡尔森未能将他的发明成功地推销给社会,是一种功败垂成的失误。发明人完成了发明,甚至还取得了专利,并不等于大功告成。专利不可能自动实施而产生经济和社会效益,专利被批准后的道路也不会平坦——新的发明创造铺满鲜花的大道极其罕见。如果不能积极、持久地推销自己的发明、创造,就会将成果埋没,最终被人遗忘,自己则一无所获。费尽心血的卡尔森就是一个典型的例子。要推销自己的发明、创造,必须使他人清楚地理解自己的全部创造性思维和工作,说服他人接受和实际应用这一发明、创造,从而使发明者、接受发明者和社会都受益。这正如美国著名的专利代理人、心理学家 J. 罗斯曼所说,在发明完成之后,发明者必须使公众相信它是有价值的。

这种因发明者未能说服同时代的人,同时代的人未能接受这些发明创造而留下遗憾的事例在科技史上比比皆是。1830 年,法国穷裁缝 B. 蒂蒙尼埃制成了一种衫的链状线迹缝纫机,而且在英、美取得了专利。但他最终未能让它在市场上出售,于 1857 年在穷困中死去。约 1846 年,美国医生约翰·高莱博士发明了第一台制冰机——现代电冰箱的前身,但他和他并不富裕的朋友寻求资金以便进行商业开发时,总是碰壁,最终在他申请专利 4 年后生病而抑郁死去。

那些"拒绝"卡尔森成果的公司的失误,在于他们没有一双慧眼,看出静电复印机光明的前途。

发明家要设法让自己的成果走向市场,企业家要有远见卓识,尽快将这些成果转化为能被市场接受的商品,这是一个永恒的课题。因为直到 2001 年,中国的两万多件科技成果中,转化为产品的不到 20%,而发达国家的这个比例为 60%~80%。

使复印机获得发展的是卡尔森的接班人——鲍勃·冈拉克。

按卡尔森的设计制造出的第一批平板复印机是笨重的,复印 1 页要用 4 分钟,印制复杂的图形则常常让人无法辨认。那时,一些企业宁可雇用打字的女秘书而不肯购买价格昂贵的复印机。卡尔森是施乐公司的总设计师，他当然为产品打不开销路而烦恼。

一天，他走进车间，看到有个年轻人正滔滔不绝地告诉周围工人，如何使用经他改进的一个复印装置。卡尔森一见大喜，好聪明的设计！原来，他是刚进公司的大学生——鲍勃·冈拉克。

在卡尔森的鼓励下，冈拉克仅在静电复印机技术上就有过133项发明和改进。其中最重要的是提高了复印速度——从原来每4分钟印1页发展到1分钟印150页。冈拉克还使复印机得到大幅度简化。

韶华易逝，青春已老——为静电复印机奋斗了20多年的卡尔森，已经"从少年到白头"，他向董事会推荐了当时仅25岁的冈拉克当了施乐公司的首席研究人员。由于冈拉克的努力，施乐公司的复印机在世界上销路最广、应用最多——"施乐"几乎成了复印机的代名词。

1959年，第一台平板光电复印机"施乐914"问世，它每分钟可以复印出9张纸。1986年，日本东芝公司生产出世界上第一台彩色复印机。

其实，像静电复印机这样被延误的发明多如牛毛。

20世纪30年代初英国人阿兰·布卢姆林就掌握了立体声的录放技术，并为它申请了专利号为3494325的英国专利。但不幸的是，直到他1947年到期的专利被延长到1952年12月13日。这一产品仍无人问津。直到专利权失效两年后，市场上才开始销售立体声带；50年代末，才出现立体声唱片。

1936 年，满怀希望的奥地利人保罗·艾斯勒，向普列赛公司展示了他发明的精巧的印刷电路收音机。但得到的却是，"用印刷电路"为"妇人之见"的嘲讽。直到延误 8 年之后的 1944 年，才在盟军带有印刷电路的无线电"近发引信"的高射炮弹中得到首次应用——摧毁了德寇空袭伦敦的大部分飞机。

一群名流的噪音

嫦娥奔月探九天——人类很早就有这样的梦想。

在 19 世纪，气球和飞艇相继飞上蓝天，实现了人类"腾云驾雾"的幻想。不过，气球和飞艇的平均密度都比空气小，那密度比空气大的物体，是否可以载人飞上蓝天呢？

人们想到了密度比空气大的鸟儿。在历经无数次"仿效鸟儿飞行"失败之后，19 世纪的一家报纸载文说："从生物进化的角度看，一种翅膀发育不全的鸟类，从开始飞腾到自由飞翔，如果需要 1000 年；而另一种根本没有翅膀的动物，如果终于长出翅膀在空中飞翔需要 1 万年的话；那么，由数学家和机械师设计制造的飞机，如果要飞上天，要 100 万到 1000 万年吧！"

不但如此，一群名流也发出了类似的噪音——下面是他们的"流水账"

著名法国数学家勒让德（1752～1833），是最早用三角法测出月地间距离的天文学家，他和拉格朗日（1736～1813）、拉普拉斯（1749～1827）并称法国数学界的"三 L"。就是这样一位名流却认为，造一种比空气重的装置进行飞行是"异想天开"。

稍后，以发明自激发电机闻名于世的德国大发明家、企业家西门子（1816～1892）也发表过类似的见解。

接着，德国物理学家亥姆霍兹（1821～1894）从物理学的角度，"论证"凭借机械系统飞行纯属空想。由于他的权威地位，使原先已对飞行器寄予厚望的德国金融界和工业界，终于不再支持飞行器的制造。

勒让德

西门子

亥姆霍兹

开尔文

纽康

　　1895 年，英国皇家学会主席、享誉全球的开尔文（1824～1907）勋爵断言：“比空气还重的飞行器是不可想象的。”

　　1902 年，美国海军科学顾问、航海年历局局长、当时美国最有名的天文学家、出生在加拿大的西蒙·纽康（1835～1909）根据大量“科学计算数据”，证明比空气重的机械是不可能飞行的，甚至无法离开地面……

　　但是，与这些声望显赫的“内行”们说“不”同步，“外行”们却不予理睬——前仆后继地企图把 15 世纪意大利达·芬奇（1452～1519）图纸上的飞机变成现实。

　　1804 年，英国的凯利爵士（1773～1857）第一个开始有计划的设计和实验飞机。他 1809 年设计试验的滑翔机可作短途滑翔飞行，他将其中一架送给了一位乘客。他认为机翼处可以产生升力，空气螺旋桨是理想的推进器，并建议采用方向舵和升降舵。但是，由于缺少可提供持续动力的发动机，他最终未能如愿以偿。

从 1842 年起，英国斯特林费洛（1799～1883）和亨森（1805～1885）开始研制以蒸汽为动力的飞机模型。1848 年，他造出一个总质量为 4.5 千克的模型，飞行了 40 米。

1870 年，法国人佩诺（1850～1880）设计出一种模型飞机。第二年，他又设计出一种具有稳定尾翼和上述动力装置的单翼飞机模型，可飞行 60 米。

1881 年，俄国技师、海军军官莫扎依斯基（1825～1890）在多年试验之后获得一项由弹簧机构驱动的三螺旋桨飞机模型的专利。

1889 年，德国航空先驱李林塔尔（1848～1896）出了一本《作为飞行技巧基础的鸟类飞行》的书。两年后，李林塔尔完成了首次短程滑翔飞行。1893 年，兄弟俩又取得一项单翼飞机的专利；他们也在一座人工堆起的小丘上作过多次滑翔飞行，最远可飞 300 多米。

1900 年，英国技师马克西姆（1840～1916）用他设计的游览飞机试飞，虽然没有成功，但他纠正了前人的一些错误。

1903 年 10 月 7 日，美国史密斯研究所负责人、物理学教授塞缪尔·兰利（S. P. Langley），乘坐自己从 1898 年开始设计的一架汽油内燃机作动力的飞机，从设置在美国颇陀马克河中的一个弹射器起飞时，因启动装置卡住而栽入水中。不过，他以汽油机代替蒸汽机作飞机的动力，这是一个很大的进步。他的动力飞机试验失败后，《纽约时报》又提出"忠告"："我们不希望因兰利教授继续耗费时间和金钱进行飞机的试验，使他们作为科学家天生具有的伟大形象受到伤害。"

具有戏剧性意味的是，仅仅 71 天之后的 1903 年 12 月 17 日 10 时 30 分，同塞缪尔·兰利保持联系、从事飞机研究的美国飞行家莱特兄弟，就成功地驾驶"飞行者 1 号"飞机，进行了人类的处女飞行。

然而，即使有莱特兄弟的成功，飞机制造业仍然没有踏上坦途。

西蒙·纽康在莱特兄弟成功的事实面前，虽然不再重弹"不能离开地面"

的老调，但依然坚持认为，飞机绝不适合作为载人工具飞上蓝天——哪怕载一个人也是冒险。

美国大天文学家皮克林（1858～1938）也说，飞机不可能长途飞行，更不能指望它飞越大海重洋。

在这些名流的影响下，美国国会就在莱特兄弟试飞成功的当年，通过了一项"禁止武装力量今后资助建造飞机工作"的法案。同时，美国专利局也宣布它不受理比空气重的飞行器的发明专利，理由是"飞行器绝不可能比空气重"。几年以后，美国国会还通过了一个特别议案：不许军方花钱试制飞行器械。

但是，确信"飞行器的时代终于来到了"的莱特兄弟，深信飞机在军事侦察等方面很有用武之地，就向美国陆军提供他们的设计。由于反应冷淡，他们又找到英国政府，结果同样令人失望。由于这些政府的不支持态度，兄弟俩失望地停止了所有的飞行表演，以防他人剽窃和模仿。

1908年2月，美国陆军作战部终于同意去看莱特兄弟的正式表演，结果导致3月达成在美国制造莱特飞机的协议。但是，直到1911年，法国高级军事学院院长暨战略学教官马雷夏尔·费迪南·福什还说："（飞机）是有趣的玩意，但毫无军事价值。"

……

2001年9月28日，出生在英国的飞行员杰拉尔德·莫斯完成了他驾驶动

莫斯

莫斯环球飞行用的"超级隼"动力滑翔机

力滑翔机进行的环球飞行，回到巴西圣保罗。他驾驶 AM－200S"超级隼"动力滑翔机于 2001 年 6 月 20 日从巴西里约热内卢出发，飞翔了 3 个月零 8 天，飞行了 5 万多千米。这是他的第二次环球飞行。第一次是在 1989～1992 年期间，他驾驶的轻型飞机飞行了 12 万千米。

现在，无论多大的"家伙"上天，人们也不会惊讶了——俄罗斯的"安"系列、"伊尔"系列和美国的"大力神"系列运输机，载重量都能超过200 吨。例如，2001 年 5 月初，当时世界上最大的运输机——俄罗斯装有涡轮发动机的"梦幻安－225"型飞机腾空而起。它长 84 米，翼展 88.4 米，能载 275 吨，最大总重 600 吨，满载航速 800～850 千米/小时，满载续航 4500千米。而在 2006 年 12 月 12 日，"空中客车"公司宣布，"空中客车 A380"已经获得美国航空航天局和欧洲航天局颁发的适航认证证书。这种双层客机有 500 多吨、高 79.7 米、总长 239.3 米，最多可载客 853 人。

从飞机诞生前后的不平坦历程，特别是名流权威对它的错误认识，我们

美国的"大力神"C－130 中程战术运输机

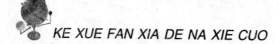
可以得到以下有益的启示。

首先，这些名流失误的原因在于，他们拘泥于流体静力学的"比空气重的物体是不能飞上天"的理论，而飞机飞行还与流体动力学的理论紧密相关。事实上，飞机的"举力"，就因为机翼的恰当形状与空气的相对运动而产生。

其次，"外行独具慧眼"。德国商人海因里希·施里曼（1822～1890），因经商而对考古发生兴趣。结果，这位"伟大而富有创见天才的门外汉"，在达达尼尔海峡入口处名为希沙克小丘的考古挖掘中，发现了《荷马史诗》中所说的特洛伊城所在地。因此，在面对青少年、"小人物"、"外行"的言行时，我们不妨冷静，宽容地对待这些"疯子"，而不要动辄劈头泼下冷水，甚至一棍子打死。

在飞机发明以后，人类就进一步想"飞出大气层"——依靠火箭。然而，名流们依然对这个"梦想"说"不"——不少人认为，宇宙航行和当年飞机上天一样，只不过是痴人说梦！

1920年，美国的一些报纸还在这样嘲笑美国火箭技术开拓者们所做的努力："火箭在脱离了地球的大气层之后，本应开始漫长的旅行，但此时它已既不能靠内部装药的爆炸燃烧加速，也不能保持飞行了……这是因为，罗伯特·戈达德（1882～1945）教授没有理解作用力与反作用力的原理，不知道要让它起作用。也就是说，他的做法是愚蠢的。他现在甚至欠缺美

罗伯特·戈达德

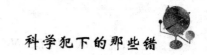

国高等学校所教授的知识。这样的错误，只能使人认为他是故意这样做的。"

这种职业批评家的口气，足以使任何对宇宙飞行存在念头的人，反省自己的高等学校课程是否学好了。

在这"不少的人"中，有一个非常著名的人物 R. 范德维尔——20 世纪中期公认的专家、英国皇家天文学家。早在 1926 年，他就宣称："宇宙航行是根本实现不了的。"此外，在同一年，英国学者 A. 比克顿也讥笑过俄国理论宇航之父齐奥尔科夫斯基（1857～1935）"飞出大气层"的预言："这是愚笨而又糊涂的思想。这是一些在思想隔离的房间里工作的、彼此完全隔绝的科学家所导致的极端谬见的一个例子。"

火箭飞行的奥尔科夫斯基公式：1971 年 5 月 15 日尼加拉瓜发行的
"世界上最重要的十个数学公式"邮票中的一枚

甚至在 1957 年 10 月 4 日前苏联用火箭发射了第一颗人造卫星之前一年，在英国皇家天文学会长期任职的天文学会委员赖特·弗利勋爵还断言，向宇宙进发是"亵渎神明的胡话"，"宇宙飞行纯粹是胡说八道"。

而发明真空三极管的美国发明家德·福雷斯特（1873～1961），则在 1957 年 2 月 25 日的《纽约时报》上撰文说："人绝对登不上月球——不管将来的科学多么先进。"

不过，这些言论，最终都没有阻止人类实现"飞出大气层"的梦想——包括美国火箭专家、现代航天学奠基者之一的戈达德、冯·卡门

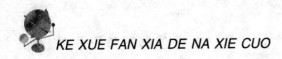
（1881～1963）在内的许多科学家，帮助我们"美梦成真"。例如，1969 年 7 月 16～21 日美国的"阿波罗－11"的登月飞行。

今天，火箭、航天飞机、登月、探测宇宙深处的飞行器……人们已经不再陌生……

而预测这些航天或宇航飞行器不能成功的专家们错误依据的"宇宙空间没有空气，飞行器无法获得动力"的"理论"，早已被火箭利用反冲原理获得的动力粉碎！而永无止境的新探索，还将继续……

春天还会寂静吗

春天，透过松林的屏风，橡树、枫树和白桦树闪射出火焰般的彩色光辉；狐狸在小山上叫着，小鹿静悄悄地穿过了笼罩着春天晨雾的原野。沿着小路生长的月桂树、荚莲和赤杨树，以及巨大的羊齿植物和野花在一年的大部分时间里都使旅行者感到目悦神怡……

野外一直是这个样子，直到许多年前的一天，第一批居民来到这儿修建房舍、挖井筑仓，情况才发生了变化。

一种奇怪的寂静笼罩了这个地方。比如说，鸟儿都到哪里去了呢？许多人谈论着它们，感到迷惑和不安。园后鸟儿寻食的地方冷落了。在一些地方仅能见到的几只鸟儿也气息奄奄，它们战栗得很厉害，飞不起来。这是一个没有声息的春天……只有一片寂静覆盖着田野、树林和沼泽。

——摘自《寂静的春天》

你读到过这样的文字吗？这可不是小说中的描述，而是大自然和人们生活的真实记录，作者是美国女生态学家蕾切尔·卡森。20世纪中叶，她成为最早关注地球环境问题的科学家，并且将自己对于环境污染的所见所闻记录下来，写成了《寂静的春天》一书。

《寂静的春天》在全世界产生了巨大的影响，很多人是第一次听到这样的话题——环境污染，并由此开始逐渐关注整个地球的环境问题。而在此之前，全世界都在"忙于"工业、农业、科学技术的发展，或者是"忙于"

DDT 杀虫剂发明者米勒博士

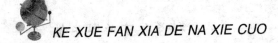
战争。

虽然昔日所指的环境污染问题和今天的全球气候变暖现象不可同日而语，但实际点两者之间还是有着密切的联系，而且其最根本点是一样的——人类活动对地球环境产生了严重的破坏作用：卡森对环境污染的关注，起始于20世纪40年代人类对DDT（滴滴涕）等新型杀虫剂的滥用；全球气候变暖现象最主要的原因，则是由于人类的开发和利用造成二氧化碳等气体超量排放，温室效应大大加剧。

或许正是由于卡森在《寂静的春天》里对大自然遭到人为破坏进行了痛心疾首的描述，包括科学家们最初在夏威夷群岛莫纳罗亚火山顶和南极洲开始的对大气中二氧化碳浓度进行长期监测，这些不懈的努力终于使更多的人开始觉醒，意识到地球环境问题的严重性。

1972年，联合国召开了第一次人类环境会议，其中的一份非正式报告提出了这样一个司法题——只有一个地球。这个报告第一次提出了人口增长、资源滥用、技术的破坏、发展的不平衡和城市问题等因素是造成地球环境恶化的主要原因，并且呼吁在全球范围内保护自然环境，约束人类自身的行为。在那次会议上，还发表了著名的《人类环境宣言》，并将大会的开幕日6月5日定为"世界环境日"，以此来提醒全世界各国政府和人民都来关心环境、关

《联合国气候变化框架公约》缔约国会议

心地球。

20 年后的 1992 年，联合国环境与发展大会在巴西的里约热内卢召开了，共有 170 多个国家和地区参加，100 多位国家元首和政府首脑与会，使之成为当时举世瞩目的焦点。由于这次大会的主要议题就是讨论全球气候变暖所产生的危害，以及世界各国如何应对的策略，因此这次大会又被称为"地球峰会"或"里约峰会"。这次大会不但规模空前，而且取得了重要的成果，通过和签署了包括会议宣言以及有关森林问题、生物多样性等方面的文件，其中最重要的就是《联合国气候变化框架公约》。这个公约第一次确认了气候变化对自然环境和人类生活的重大影响，并希望签约各国能够通过控制大气中温室气体的排放，来使气候系统保持相对稳定，以不影响自然的生态环境和人类的经济发展和生活状况。有 50 多个国家签署了这份重要的公约。

里约热内卢的这次"地球峰会"成为关注地球问题的一个里程碑，《联合国气候变化框架公约》也成为签约各国的一个行动方向。在这个基础上，1997 年 9 月，在日本京都举行的第三次《联合国气候变化框架公约》缔约国会议上，对各个国家减少温室气体排放的具体目标作出了比较详细的规定，包括减排的具体日程和排放量。总体目标是，各国要经过大约 10 年的努力，在 2008~2012 年使得 6 种主要温室气体的排放量下降到 1990 年排放量的 95% 以下。这个协议被称为《京都议定书》。

针对各国排放温室气体的具体情况，《京都议定书》还作出了不同的规定，如欧洲主要工业化国家平均减少 8% 的排放量，整个欧盟国家平均减少约 5%，这些当然都是相对 1990 年的排放水平而言的；俄罗斯是一个例外，它可以维持现状，但实际上当时的俄罗斯经济发展并不景气，从 1997 年《京都议定书》签订之前的数年里，该国的二氧化碳排放量一直在下降；发展中国家不承担减排义务，因为它们的人均排放量比工业化国家的排放量低得多，这些国家在减排方面可以接受发达国家在减排技术和资金方面的援助；有些减排做得比较好的国家还允许在 1990 年的基础上增加一部分减排指标，如排放量很低的爱尔兰和冰岛可以分别增加 10% 的"指标"，挪威可以增加 1%。

《京都议定书》成为后来 10 年中世界各国减少温室气体排放的目标。起

IPCC 正在开会研讨

初，只有几十个国家在这份文件上签字，但迄今为止，已有超过 130 个国家签署。非常特别的是，美国作为温室气体排放量占到全球排放量约 30% 的头号发达国家，却最终没有签署这个协议。另一个没有签字的国家是澳大利亚。它们拒绝签署的原因当然不是三言两语能够说明的，但根本点就是减少二氧化碳排放量将影响到各自国家的相关产业，影响到经济的发展。美国虽然在 1998 年曾在《京都议定书》上签字，但最终却不愿意承担减少 70% 的温室气体排放量，结果在 2001 年退出了这个协议。有意思的是，尽管美国政府于 2001 年就退出了《京都议定书》的协商过程，但美国的许多城市却以各自的名义加入到《京都议定书》，并且不遗余力地实行各种政策来控制温室气体排放量，使之能达到议定书规定的标准，到今天为止，这样的城市已有 200 多个。看来，在为减缓全球气候变暖作出努力的进程中，无论从国际还是国内的角度来看，瞻前顾后的美国政府的步伐已经远远落在了后面。

在这里，我们还必须专门向一个特殊的机构，以及它在对全球气候变暖问题上所作出的长期努力表示敬意，它就是 IPCC——联合国政府间气候变化专门委员会。这个名称有些长得拗口的组织，是在 1988 年由联合国环境规划署和世界气象组织共同组成的。IPCC 的主要功能并不是具体对全球气候变暖现象进行研究，而是对来自各个方面的气候信息进行评估，对由于气候变化引起的环境问题和人类生活所受影响的程度进行判断，并且要作出对这种变化的分析，提出对应措。IPCC 的这些工作，将最终提供给各国政府制定措施时作为参考和依据。实际上，"里约峰会"和《京都议定书》正是在 IPCC 提供的材料的基础上，才达成了积极的协商结果。从这个意义上来说，IPCC 更像是一个"智囊团"或"参谋部"。

IPCC 的工作是具体而繁复的。他们要将来自全世界各个研究机构对气候的监测和分析结果汇总起来，还要对这些信息进行整理，并作出艰难而细致的评估。1990 年、1996 年，IPCC 两次提供的综合评估报告，对召开"里约峰会"和各国签署《京都议定书》起到了重要作用。2001 年，IPCC 又收集了 500 多个研究者和机构提供的材料，由 122 位作者完了长达 881 页的第三次评估报告，并由 400 位专家对这份报告进行了审核，最终提供给 100 多个国家的领导人审阅。报告的最终文稿是那一年在中国的上海正式通过的。

2006 年，IPCC 又发布了成立以来的第四次报告，对在全球气候变暖背景下的地球状况作出了最新的回顾和预测。这份报告严重指出，如果人类无法遏制全球气候变暖的态势，将会导致未来数十年间全球气温升高 2℃ ~ 3℃，有约 30% 的动植物面临灭绝；全球主要山地冰川将大规模消失，并造成严重

尼日尔河沙滩

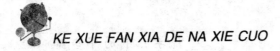

的洪水和山体滑坡；北极地区浮冰和永冻层将融化 1/5 ~ 1/3；湿润的高纬度地区将更多雨，而干旱的低纬度地区降雨却会减少；非洲大陆的旱情将造成农作物收成减半，而尼罗河和尼日尔河两大三角洲地区却将受到海平面上升的威胁；亚洲东部地区的农业产量虽然将有所增加，却有更大可能遭受到台风等恶劣气候的袭击……

这份报告还指出，面对气候变化带来的不利因素，大多数发达国家由于得天独厚的地理优势、比较强大的基础建设和先进的科技条件，将会有更多的选择和应对措施，而对于许多发展中国家，特别是一些贫困国家来说，将会面临巨大的困难和挑战。发达国家的这种"高枕无忧"的心态，或许也是造成美国政府退出《京都议定书》的原因之一吧。可是，看看美国西部森林燃烧的熊熊野火吧，这个全球气候变暖的"杰作"，不知是否能将麻木和迟疑者的神经灼痛？

无论从关注现实的环境问题这个角度来看，还是在"只有一个地球"的理念下，为人类未来创造良好的生存条件，《京都议定书》都创造了一个成功的框架—它的意义非同凡响。当然，《京都议定书》只是一个开始，推进全球减排温室气体的道路将会是漫长而艰难的。而且，签署议定书是一回事，如何实现目标又是另一回事。在 IPCC 的第四次报告中，特别关注到控制温室气体的具体措施，其中最重要的一个方面，就是改变工业化以来对石油、煤炭等化石燃料的依赖，而开发和利用新能源成为减少温室气体排放的一个重要基础。

从《寂静的春天》发出关注地球环境的第一声呐喊，到"只有一个地球"给全体人类的警示，从"里约峰会"建立的《联合国气候变化框架公约》，到《京都议定书》的具体指标，人类对自身生存环境的现状有了越来越务实的认识和行动。相信全球气候变暖的现状不是不可以改变的，气候危机不是不可以逆转的，这是我们共同努力的起点，也是使地球气候和环境恢复勃勃生机的起点。到那时，春天还会寂静吗？

由震惊世界的伦敦烟雾说起

1952 年 12 月 5～8 日，一场灾难降临了英国伦敦。地处泰晤士河河谷地带的伦敦市上空处于高压中心，一连几日无风，风速表读数为零。大雾笼罩着伦敦城，又值城市冬季大量燃煤，排放的煤烟粉尘在无风状态下蓄积飞散，烟和湿气积聚在大气层中，致使城市上空连续四五天烟雾弥漫，能见度极低。在这种气候条件下，飞机被迫取消航班，汽车即便白天行驶也须打开车灯，行人走路都极为困难，只能沿着人行道摸索前行。

由于大气中的污染物不断积蓄，不能扩散，许多人都感到呼吸困难，眼睛刺痛，流泪不止。伦敦医院由于呼吸道疾病患者剧增而一时爆满，伦敦城内到处都可以听到咳嗽声。仅仅 4 天时间，死亡人数达 4000 多人。就连当时举办的一场盛大的得奖牛展览中的 350 头牛也惨遭劫难。一头牛当场死亡，52 头严重中毒，其中 14 头奄奄一息。2 个月后，又有 8000 多人陆续丧生。这就是骇人听闻的"伦敦烟雾事件"。

为什么大气被污染会有这么可怕的后果呢？说到这儿，我们不得不了解一个重要的概念——地球的大气圈。

在地球引力的作用下，地球的外部聚集了厚厚的一层大气，没有颜色和气味，既看不见也摸不着。它是一种混合气体，主要成分是氮和氧。氮是大气的主要成分，按其重量计算，它占到了大气的 78.09%。此外，氧占 20.95%，氩占 0.93%，二氧化碳占 0.032%，其余的是其他气体。

天气层好比是地球的一件"外衣"，它均衡地保护着地球的"体温"，使地球的万物不致受到来自宇宙的侵害，我们人类就生活在大气层中。地球吸收了太阳光后，再将其中的一部分热量释放到空气中。这些热量又被大气层中的水蒸气和云截留住，重新返回到地球上。大气层就像罩在地球上的一个

大气层示意图

巨大篮子，使地球变得温暖、舒适。

通过人造卫星，人们得知大气层有 2000 ~ 3000 千米厚。根据大气的温度、密度等物理性质在垂直方向上的差异，大气层可以分为五层，包括对流层、平流层、中间层、暖层和散逸层。

对流层是指从地面到 10 ~ 12 千米高空的范围。这一层大气与我们人类的关系最密切，因为绝大多数水汽都集中在对流层里。因此天气的阴晴变化、风云雨雪等各种天气现象都发生在这一层。对流层的上方被称为平流层，人们乘坐的飞机就是在这里飞行的。平流层里有一种气流叫急流，大多由西往东吹，最高时速可达 483 千米。飞机飞行时常借助急流的推动力。从平流层顶到 80 千米高度的空间称为中间层，这一层空气更为稀薄，温度随高度增加而降低。再向上，从 80 ~ 500 千米是大气层当中的热层，这一层温度随高度增加而迅速增加，层内温度很高，昼夜变化很大，热层下部尚有少量的水分存在，因此偶尔会出现银白并微带青色的夜光云。热层以上的大气层称为逃逸层，这层是地球大气的最外层，这里的空气极为稀薄，其密度几乎与太空密度相同，所以常常称为"大气层"。逃逸层的温度随高度增加而略有增加。由于空气受地心引力极小，气体及微粒可以从这层飞出地球磁场进入太空。

地球对大气层有着巨大的吸引力，所以大气层才能紧紧地环绕地球。如果宇航员想要离开地球去太空探索，就必须克服地球的引力。他们只有以大于2.736万千米的时速穿越大气层才能进入到太空。同样的情况与月球作一个比较。月球上本来也有大气，但是由于它质量小，引力小，月面的重力只有地面重力的16%，月球上只要有每秒2.4千米的速度就可以逃逸到宇宙中去。因此，质量小、运动迅速快的大气没能在月球周围保存下来。

大气层是地球的保护层，使地球避免了许多来自太空的伤害。比如，从星际高速冲向地球的陨石，因为与大气剧烈摩擦而减慢速度，摩擦产生的高热还会使绝大部分陨石在100多千米的高空化为灰尘和气体，从而使地球化险为夷。但是人类和其他生物的活动会引起大气的变化。

目前，大气中二氧化碳的含量在增加，这主要是由于大量燃烧的煤、石油、天然气造成的。大气中二氧化碳含量将使地球上的气温越来越高。譬如本文中提到的伦敦烟雾事件，酿成这次事件的主要凶手有两个，冬季取暖燃煤和工业排放的烟雾是元凶，逆温层现象是帮凶。煤炭在燃烧时，会生成水、二氧化碳、一氧化碳、二氧化硫、二氧化氮和碳氢化合物等物质，这些物质排放到大气中后，会附着在飘尘上，凝聚在雾气上，进入人的呼吸系统后会

月球

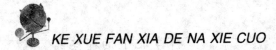

诱发支气管炎、肺炎、心脏病。当时伦敦持续几天的"逆温"现象，加上不断排放的烟雾，使伦敦上空大气中烟尘浓度比平时高10倍，二氧化硫的浓度是以往的6倍，整个伦敦城犹如一个令人窒息的毒气室一样。

可悲的是，烟雾事件在伦敦出现并不是独此一次，相隔10年后又发生了一次类似的烟雾事件，造成1200人的非正常死亡。直到20世纪70年代后，伦敦市内改用煤气和电力，并把火电站迁出城外，使城市大气污染程度降低80%，骇人的烟雾事件才可以避免在伦敦再度发生。

被喻为"空中死神"的酸雨

1980 年，一场异常的寒流袭击了欧洲。在德国、捷克斯洛伐克和波兰接壤处苏台德山脉的"黑三角地带"。大片草已被酸雨侵蚀得表皮剥离的枯黑林木终于没能耐受住这场寒流，像一盘骨牌般纷纷倒下，使这里成为"森林的墓地"。

这片三角地带曾是炼钢厂、煤矿、化工厂集中的地方，由于工业废弃物和硫酸化合物的高浓度排放，这里的降水 pH 值的酸度高出正常的十几倍，是酸雨侵害严重的地方之一。由于林木遭到了毁灭性的破坏，这里没有鸟鸣，没有花香，酸雨给这片曾经每年可接待 600 万观光客的国立公园带来的损失难以估量。

造成这一切的元凶就是有"空中死神"之称的酸雨。酸雨是一种特殊的降雨，之所以叫它"酸雨"，就是因为它的化学性质是酸性的。有专家认为酸雨是一场无声无息的危机，而且是有史以来对人类冲击最大的环境威胁，是一个看不见的敌人。

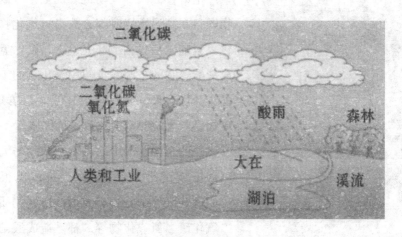

酸雨的形成

　　酸雨的全称应该叫做"酸性沉降"，是指 pH 值小于 5.6 的雨雪或其他形式的大气降水。酸性的降雨最早引起人们的注意，所以人们习惯将它们统称为酸雨。pH 值是化学中用来划分物质酸碱性的一种标度，依据的是溶液中氢离子活度。通常 pH 值是一个介于 0 ~ 14 之间的数，当某溶液的 pH 值小于 7 时，溶液呈酸性；当 pH 值大于 7 时，溶液呈碱性；当 pH 值等于 7 时，溶液呈中性。酸雨分为"湿沉降"和"干沉降"两种。前者是说所有气状污染物或是粒状污染物，随着大气降水（雨、雪、雾、雹等形式）落到地面。后者就是指在没有降水的时候，空中降下的是粉尘所带有的酸性物质。

　　大气中含有大量的二氧化碳，这使得大自然中的降雨本身就呈现酸性，pH 值大约为 5.6。这是二氧化碳在常温情况下溶解到雨水中，并达到气液平衡的结果。但是随着人类工业和社会的发展、能源消费的增多，空气中的酸性物质越来越多。

　　其中 60% ~ 65% 都为硫酸。硫酸主要是因为燃烧矿物燃料释放的二氧化硫，人类工业中的发电厂、钢铁厂、冶炼厂等，是二氧化硫最大的排放源。此外，还有人们日常使用的小煤炉。据统计，现在每年全世界人为释放的二氧化硫约有 1.6 亿吨。其次是硝酸，约占 30%，这是氮氧化物和水作用的结果。氮氧化物气体主要是在高温燃烧的情况下产生的，像汽车发动机燃烧室中，以及矿物燃料在高温燃烧时都会放出氮氧化物。氯化氢紧随其后，占到了约 3%。氯化氢会生成盐酸，它的来源除了使用氯化氢的工厂以外，焚烧垃圾（塑料制品中有大量的氯）和矿物燃料燃烧时都会释放这种气体。

酸雨腐蚀的雕像

　　总的来说，酸雨的发生和浓度与大气污染程度成正比。工业生产会排放出很多废气，这些废气中就含有大量的酸性物质，像二氧化硫、氮氧化物等，都是造成酸雨发生的罪魁祸首。煤炭等石化燃料燃烧时，排放的二氧化硫和氮氧化物等污染物与大气中的水蒸气结合，生成硫酸和硝酸。当这些污染物随着降水落下时，就会形成低 pH 值的酸雨、酸雪。

大自然本身具有一定的自我清洁能力。一定量的污染，大自然可以通过自身的系统消化掉。就好比吃饭一样，饭量再大也还是有个限度的。污染量太大，大自然就承受不起了。雨水酸化，给人类的的生活环境带来了很大的危害。

首先，对人类来说，二氧化硫和二氧化氮的射出物会导致哮喘、干咳等呼吸道疾病，还会刺激人的眼睛。

其次，酸雨还会腐蚀各种建筑物，使钢铁锈蚀，使水泥或大理石溶解。它的酸性粒子沉积在建筑物或雕像上，会对它们的表面造成腐蚀，使各种历史遗迹受到不可弥补的损坏。据调查，雅典著名的重要文物巴合农神庙也受到了酸雨的损害。中国四川峨眉山的林木有 80% 也遭到了酸雨的损害，著名的四川乐山大佛也因酸雨而"遍体鳞伤"。

最后，酸雨会严重地破坏生态环境，使土壤酸化，农作物减产，林木枯死；使湖泊河流的水质酸化，水中的水生物死亡。酸雨会影响植物的生长，会导致其生长缓慢，甚至死亡。土壤中的金属元素也会被酸雨溶解，造成矿物质大量流失。高山区由于经常有云雾缭绕，因此酸雨区高山上森林受害最重，经常出现成片死亡的情况。

目前，全世界有三大酸雨区：北美地区、欧洲地区、中国南方地区。中国大量使用煤炭燃料，南方使用的煤炭燃料又多为高硫煤，致使酸雨区的降水酸度仍在升高，面积仍在扩大，并有"北上东移"的倾向。中国每年由于酸雨造成 200 万平方千米农田受害，经济损失达 200 亿元人民币左右。

虽然，目前还不能有效地控制酸雨的发生，但世界各国都在积极地进行着建立酸雨监测系统的工作。一些国家为拯救被酸化了的湖泊和河流，每年要花费几千万美元向水域里投放石灰。1979 年，为减少二氧化硫的排放量，由联合国欧洲经济委员会发起，在日内瓦签署了长距离跨边界大气污染条约。中国从 20 世纪 70 年代开始对酸雨进行监测，并控制燃煤，改燃煤为天然气，减烧高硫煤使用等方面采取了行动，目前已经取得了显著的效果。

厄尔尼诺与拉尼娜

对墨西哥来说，1995 年是一个多灾多难的年头，从年初至 5 月几乎滴雨未下，出现了近百年来最严重的旱情。全国有近 2.6 万平方千米的耕地未能按时播种，家畜大量死亡，森林火灾频频发生，烧毁森林 13.2 万平方千米。专家们分析，这次灾害的发生主要应归结于"厄尔尼诺"现象。

近年来，"厄尔尼诺"成为各类媒体越来越关注的一个气候学名词。众多气候现象与灾难都被归结到厄尔尼诺的肆虐上，例如印尼的森林大火、巴西的暴雨、北美的洪水及暴雪、非洲的干旱等，它几乎成了灾难的代名词。可是厄尔尼诺究竟是什么呢？

简单地讲，厄尔尼诺是热带大气和海洋相互作用的产物，它原是指赤道海面的一种异常增温，现在其定义为在全球范围内，海气相互作用下造成的气候异常现象。由于这种现象经常发生在年末圣诞节前后，所以当地人称为

旱灾

"圣婴"。厄尔屁诺发生时，由于水温高、浮游生物减少，鱼儿得不到食物而大量死亡，所以以鱼儿为食的海鸟也将死亡或迁徙。

"厄尔尼诺"现象又称厄尔尼诺海流，是太平洋赤道带大范围内海洋和大气相互作用后失去平衡而产生的一种气候现象。它的基本特征是太平洋沿岸的海面水温异常升高，海水水位上涨，并形成一股暖流向南流动。它使原属冷水域的太平洋东部水域变成暖水域，结果引起海啸和暴风骤雨，造成一些地区干旱，另一些地区又有降雨过多的异常气候现象。正常情况下，热带太平洋区域的季风洋流是从美洲走向亚洲，使太平洋表面保持温暖，给印度尼西亚周围带来热带降雨。但这种模式每过几年便会被打乱一次，使风向和洋流发生逆转，太平洋表层的热流就转而向东走向美洲，随之便带走了热带降雨，出现所谓的"厄尔尼诺"现象。

20世纪60年代，很多科学家都认为"厄尔尼诺"是区域性问题，它主要影响太平洋东部的南美沿海地区和太平洋中部的澳大利亚沿海地区。然而，20世纪80年代以后，通过气象卫星的观测发现，"厄尔尼诺"在世界很多地方都出现。由于海水表面温度平均每升高1℃，就会使海水上空的大气温度升高6℃，造成大气环流异常，严重影响世界各地的气候。所以，每当厄尔尼诺现象发生时，世界上很多地方都会发生诸如冷夏、暖冬、干旱、暴雨等异常

强降雨

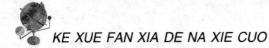

气候。

厄尔尼诺现象总是呈周期性出现的，每隔 2～7 年出现一次。自 1997 年始的 20 年来，厄尔尼诺现象分别在 1976～1977 年、1982～1983 年、1986～1987 年、1991～1993 年和 1994～1995 年出现过 5 次。

其中，1982～1983 年间出现的厄尔尼诺现象是 20 世纪以来最严重的一次。东太平洋赤道海域的海表面温度持续高于正常温度，引起了全球气候异常。全球一部分地区发生了几十年甚至几百年不遇的严重旱灾，另一部分地区却遭受了多年未遇的暴雨和洪水。台风、冰雹、雪灾、冻害、龙卷风等灾害也在全球各地频频发生，在全世界造成了大约 1500 人死亡和 80 亿美元的财产损失。进入 20 世纪 90 年代以后，随着全球气候变暖，厄尔尼诺现象出现得也越来越频繁。

与"厄尔尼诺"现象相反，"拉尼娜"现象也是赤道附近东太平洋水温反常变化的一种现象。"拉尼娜"的字面意思是"圣女"，它也被称为"反厄尔尼诺"现象。其特征恰好与"厄尔尼诺"相反，指的是洋流水温反常下降。它的发生是由于信风持续加强，吹走了赤道东太平洋表面的暖水，导致深层的冷水上翻作为补充，于是表面海水的温度就降低，引发拉尼娜现象。

拉尼娜与厄尔尼诺现象都已成为预报全球气候异常的最强信号。两者通常是交替着出现，不过相对而言，拉尼娜发生的次数相对较少。1900～1992 年期间，拉尼娜现象共发生了 19 次，每 3～5 年发生一次，但也有时间间隔达 10 年以上的。拉尼娜多数是跟在厄尔尼诺之后出现的，前述 19 次拉尼娜现象，有 12 次发生在厄尔尼诺发生的次年。

由于厄尔尼诺和拉尼娜现象给全球带来巨大的灾害，这种现象已成为当今气象和海洋界研究的重要课题。

"酷"不堪言的地球高烧

我们所居住的这个叫做地球的星球变得愈益怪异起来。天气就是一个典型。

例如，2003年地球再度发起了高烧，热浪席卷处于夏季的北半球：

——2003年，法国经历了百年以来罕见的最炎热的一个夏季，一些城市气温高达40℃以上，首都巴黎的温度出现了1873年有记录以来的最高值。法国殡仪馆称，持续半个月的高温已经导致1.36万人死亡。各地的太平间和墓地因不堪重负，政府不得不起用超市的冷藏库暂存尸体。巴黎南部朗吉斯一个占地4000平方米的冷藏库就被征用为临时太平间。

——西班牙许多地区超过40℃，南部城市科尔多瓦超过了45℃。一个名为"保护病人协会"的病人权益监督组织说，死于高温的已达2000人，远远超过官方公布的数字。媒体推测死亡人数将可能高达6000人。

——葡萄牙经历了历史上酷热持续时间最长的一个夏季，从7月底开始的高温天气持续两周，40℃以上的酷热天气持续了近10天。卫生部公布的死

美丽的欧洲

于高温的该国人数为 1316 人。

——德国西南地区创下 40℃ 高温。

——瑞士 6 月份气温创 250 年来最高，降雨量之少百年罕见。

——岛国英国亦经历了 1999 年后的最热天气，伦敦气温达到 37.2℃。官方统计的死于高温的该国人数为 907 人。

——气候相对温和的荷兰，据报道也有 500～1000 人死于酷暑。

这里之所以首先对西部欧洲的高温灾情详加罗列，是因为在世界气候类型的分布上，西欧位于北纬 40°～60° 之间，常年受西风带影响，风从大西洋吹拂而来，属于典型的温带海洋性气候。这种气候类型的特征是：冬不严寒，夏无酷暑，气温年较差小，降水充沛且全年分配均匀，一向被公认为是世界上最舒适、最宜人的居住环境和地区。然而，这些教科书式的描述，却与上面展现的情景不合。也许这样的高温气候只是偶尔的反常，但是气象学家们认为这种现象今后将经常出现。

世界气象组织在 2003 年 7 月发表了一份带有研究性和概括性的紧急报告，指出全球气候其实正在发生"极端改变"，20 世纪北半球气温的升高幅度是过去 1000 年中最大的；1990～2000 年是最热的十年；2003 年则很可能成为最炎热的年份。

瑞士科技学院的克里斯托弗·斯加博士针对 2003 年欧洲发生的酷夏现象，指出："此类事件很可能会在未来成为一种普遍现象。根据我们进行的模拟试验结果显示，欧洲未来所经历的任何一个夏天都有可能要比 2003 年的夏天热。"斯加与来自瑞士气象服务机构的科学家们利用了过去 150 年的数据对未来欧洲的气候进行了研究，其论文发表在科学杂志《自然》的电子版上。果真如此，那么教科书今后若不想误人子弟的话，就有必要着手进行修改了。

本是气候宜人的西部欧洲都成了这个样子，那么其他地方肯定更惨。例如，美洲的墨西哥，其中部的圣路易斯波托西州和西部的格雷罗州，2003 年气温分别高过 48℃ 和 46℃。亚洲的印度，到 6 月 12 日，死于酷暑的人数已超过 1500 人。高温使人们的生产和生活陷入瘫痪状态，街道上车辆行人稀少，很多人都泡在河流或池塘里，以躲避暑热天气。

有沙尘暴的春天

1934 年 5 月 12 日，一场巨大的风暴席卷了美国东部与加拿大西部的辽阔土地。风暴从美国西部土地破坏最严重的干旱地区刮起，狂风卷着黄色的尘土，遮天蔽日，向东部横扫过去，形成一个东西长 2400 千米，南北宽 1500 千米，高 3.2 千米的巨大的移动尘土带，当时空气中含沙量达 40 吨/千米^3。风暴持续了 3 天，掠过了美国 2/3 的大地，3 亿多吨土壤被刮走，风过之处，水井、溪流干涸，牛羊死亡，人们背井离乡，一片凄凉。这就是震惊世界的"黑风暴"事件。

"黑风暴"也称沙尘暴或沙暴。在美国发生过若干起，主要是由于美国拓荒时期开垦土地造成植被破坏引起的。可悲的是人类的拓荒并没有因为沙尘暴的发生而偃旗息鼓，沙尘暴也没有因此而销声匿迹。在世界上的许多国家都因毁林垦荒、植被破坏而屡次受到过风蚀的侵袭。

沙尘暴

那么，沙尘暴到底是怎样形成的呢？

沙尘暴是沙暴和尘暴二者的总称，是指强风把地面大量沙尘卷入空中，使空气特别混浊，水平能见度低于 1 千米的天气现象。其中沙暴系指大风把大量沙粒吹入近地层所形成的夹沙风暴；尘暴则是大风把大量尘埃及其他细粒物质卷入高空所形成的风暴。

有关研究指出，沙尘暴的形成必须具备四个条件：一是地面上的沙尘物质，它是形成沙尘暴的物质基础；二是大风，这是沙尘暴形成的动力基础，也是沙尘暴能够长距离输送的动力保证；三是不稳定的空气状态，这是重要的局地热力条件，沙尘暴多发生于午后傍晚，说明了局地热力条件的重要性；四是干旱的气候环境，沙尘暴多发生于北方的春季，而且降雨后一段时间内不会发生沙尘暴是很好的证据。

春季沙漠的边缘地区，由于长期干旱，而且地表少有植被覆盖，当有大风来临的时候地表的沙尘很容易被吹起且被输移，但由于沙子粒径较大，不易形成悬移，因此不能长距离输移，这也是距沙尘较远的地区只有降尘而少见扬沙的主要原因。如果风持续的时间很长，形成悬移的浮尘就能够被输送到很远的地方，所经过的地区就会出现沙尘暴。当风速减弱到一定程度后，浮尘就会降落，该地就会出现降尘天气。如果此时降水，就会形成所谓的"泥雨"。

沙尘暴威胁城市

沙尘暴一般发生于春夏交接之际，其形成与大气环流、地貌形态和气候因素有关，更与人为的生态环境破坏密不可分，它是沙漠化加剧的象征。人口的快速增长带来不合理的农垦、过度放牧、过度采樵、单一耕种，这些现象必然导致植被和地表结构的破坏，使草原萎缩、土地沙化、生态系统失衡。由于这种造沙的速度远快于人们治沙的速度，无疑为沙尘暴形成提供了条件。

沙尘暴出现时会给农林业、畜牧业、电力、通信、交通和人民生命财产等造成严重危害。沙尘暴经常造成四种危害：一是大风摧毁建筑物和公路桥梁、树木和房屋，诱发火灾，引起人畜伤亡，沙尘暴还能造成各种交通事故和飞机停飞、火车停运；二是风沙掩埋农田、灌渠、村舍、铁路、草场等；三是严重污染环境，沙尘暴所经过的城市空气质量会恶化 2 ~ 5 倍，瞬间可达到数十倍，混浊的空气对人体健康构成严重威胁，诱发过敏性疾病、流行病及传染病；四是风蚀危害，它刮走农田表层沃土和农作物，加剧土壤风蚀和沙漠化进程，覆盖在植物叶面上厚厚的沙尘还影响植物正常的光合作用，造成作物减产。

沙尘暴，尤其是特强沙尘暴是一种危害极大的灾害性天气。当其形成之后，会以排山倒海之势滚滚向前移动，携带沙砾的强劲气流所经之处，通过沙埋、狂风袭击、降温霜冻和污染大气等方式，使大片农田受到沙埋或被刮走表层沃土，或者农作物受霜冻之害，致使有的农作物绝收，有的大幅度减产。它能加剧土地沙漠化，对大气环境造成严重污染，对生态环境造成巨大破坏，对交通和供电线路等基础设施产生重要影响，给人民生命财产造成严重损失。

近年来，沙尘暴又在中国肆行无忌。1993 年 5 月，一场罕见的沙尘暴袭击了中国新疆、甘肃、宁夏和内蒙古部分地区，沙尘暴经过时最高风速为 34

植树固沙

米/秒，最大风力达 12 级，能见度最低时为零。这场风暴造成 85 人死亡，31人失踪，264 人受伤，12 万头牲畜死亡、丢失，73 万头牲畜受伤，37 万公顷农作物受灾，4330 间房屋倒塌，直接经济损失达 7.25 亿人民币。此后几年，沙尘暴不断地骚扰中国西北部和内蒙古一带。1994 年 4 月，河西走廊上空发生强沙尘暴；1995 年 3 月甘肃敦煌市出现沙尘暴；1995 年 5 月 16 日，沙尘暴袭击了银川市；1995 年 5 月 30 日，沙尘暴又一次袭击了敦煌、金昌等 10 多个县市；1998 年 4 月，沙尘暴席卷了新疆阿尔泰、塔城、昌吉、吐鲁番、哈密等地，农作物损失惨重。此外，仅 2000 年春，北京遭遇沙尘暴袭击达12 次。

面对这一残酷的现实，我们人类应该深切反省和尽快找到解决治理的途径。沙尘暴的肆虐在向人类挑战，也在向人类报警。如果人类不能控制发展，如果人类的无边欲望和地球的有限资源互为抵触，如果人类不能与大自然相濡以沫的话，最终要败在大自然手下。

现在，让我们共同携手为抵制沙尘暴而做准备，从生活中的一点一滴做起，多植树造林，拒绝使用一次性筷子……希望在不久的明天，我们还会有一个蓝天、碧水、青草的美好世界，而那时我们才可以坚决对沙尘暴说"不"！

不容忽视的水资源危机

不可或缺的水

水是由氢、氧两种元素组成的无机物，在常温常压下为无色无味的透明液体。水是常见的物质之一，是包括人类在内所有生命生存的重要资源，也是生物体最重要的组成部分。水在生命演化中起到了重要的作用。人类很早就开始对水产生了认识，东西方古代朴素的物质观中都把水视为一种基本的组成元素，五行之一；西方古代的四元素说中也有水。

人类很早就知道水、利用水，因为它无色、无味、无嗅、透明，是自然界中最常见的液体。首先，人体内的水分，大约占到体重的65%。其中，脑髓含水75%，血液含水83%，肌肉含水76%，连坚硬的骨骼里也含水22%呢！没有水，食物中的养料不能被吸收，废物不能排出体外，药物不能到达起作用的部位。人体一旦缺水，后果是很严重的。缺水1%～2%，感到渴；缺水5%，口干舌燥，皮肤起皱，意识不清，甚至幻视；缺水15%，往往甚于饥饿。没有食物，人可以活较长时间，如果连水也没有，顶多能活一周左右。

除了人类，植物也离不开水。农村有句谚语叫："水是庄稼宝，离它活不了。"此话不假，小小的一棵向日葵在夏天里要消耗250千克的水；一亩地的小麦，能耗水50万千克，更不用说靠水而活的水稻了。水不仅是世间生灵万物须臾离不开的，就是工农业生产，也一时一刻少不了它。从种植业看，每公顷农作物生长期内的用水，小麦23～34吨，棉花22～27吨，甜菜31～40吨；从畜牧业看，生产1千克牛肉需耗水31.5吨；从工业看，生产1吨钢需耗水20～40吨，1吨纸需耗水200～1800吨，1吨人造纤维需耗水1200～1800

水

吨，而生产 1 吨合成橡胶的需水量竟高达 2.75 万吨。

同时，水对气候具有调节作用。大气中的水汽能阻挡地球辐射量的 60%，保护地球不致冷却。海洋和陆地水体在夏季能吸收和积累热量，使气温不致过高；在冬季则能缓慢地释放热量，使气温不致过低。

目前，在迫使人们背井离乡的因素中，水是重要因素之一，有学者甚至认为已超过战争。中东属于半干旱气候，严重缺水。有专家预测：中东下一场战争将因水而爆发。巴勒斯坦指责以色列非法将约旦的地下水储量引走了 40%，从而威胁到巴勒斯坦人的生存。约旦则认为，叙利亚和以色列从耶尔穆克河和约旦河抽走越来越多的水，已造成约旦人用水困难。而叙利亚和伊拉克则指责土耳其利用阿塔图克大坝控制了幼发拉底河的源头。为防不测，土耳其为其水利工程配备了地对空导弹等现代化武器。沙特阿拉伯报纸刊登，以色列占领戈兰高地的目的之一是获取水源，使戈兰高地的水成为以战略资源的一部分。

如今，传统意义上的难民仅为 2200 万，而由于缺水而出现的"环境难民"则多达 2500 万，到 2025 年，缺水难民将多达 1 亿人。

水星水荒

有学者说，我们的地球应当叫水球。这是有一定道理的，因为我们生活的这个星球有水，而且 71% 的表面积被水覆盖。在宇航员看来，地球是一个蓝色的球，十分璀璨，太阳系家庭中独一无二。地球拥有的水量非常巨大，总量为13.86亿立方千米。其中，94%在海洋里，1.76%在冰川、冻土、雪盖中，是固体状态，1.7%在地下，余下的，分散在湖泊、江河、大气和生物体中。因此可以说，从天空到地下，从陆地到海洋，到处都是水的世界。

地球上的水，尽管数量巨大，而能直接被人们生产和生活利用的，却少得可怜。首先，海水又咸又苦，不能饮用，不能浇地，也难以用于工业；其次，淡水只占总水量的2.6%左右，其中的绝大部分被冻结在远离人类的南北两极和冻土中，无法利用，其余的大部分是土壤中的水分或是深层地下水，难以开采供人类使用。江河、湖泊、水库及浅层地下水等来源的水较易于开采供人类直接使用，但其数量不足世界淡水的1%。与全世界总水体比较起来，淡水量真如九牛一毛。

世界各国和地区由于地理环境不同，拥有水资源的数量差别很大。按水资源量大小排队，前几名依次是：巴西、俄罗斯、加拿大、中国、美国、印度尼西亚、孟加拉国、印度。若按人口平均就是另一种结果了。中国人均水资源量只相当于世界人均量的1/4，世界排名第88位，其德是日本的1/2，美国的1/5，印尼及苏联的1/7，加拿大的1/50。耕地平无分摊水量也只有世界平均数的3/4。中国水资源的分布极不平衡，总体来说，南方多、北方少。北方许多大中城市因缺水造成工厂停产或限产，损失的年产值达1200亿元。全国600多座城市中，有300多座缺水，其中严重缺水的有108座，缺水量约为1000万吨/天左右，几百万人生活用水紧张。

缺水将制约发展。农业用水约占全球淡水用量的70%。水资源短缺会阻碍农业的发展，危及世界的粮食供应。缺水使全球耕地面积逐年减少，长此下去势必导致粮价上涨，进一步加重贫困人口的负担，同时，水危机对工业的影响也是不可忽视的。工业用水约占全球淡水用量的20%。由于缺水，往往导致一些国家的工厂、矿山不得不停产限产。

地球上大部分都是水

20世纪50年代以后，全球人口急剧增长，工业发展迅速。一方面，人类对水资源的需求以惊人的速度扩大；另一方面，日益严重的水污染蚕食大量可供消费的水资源。据联合国水资源世界评估报告显示，全世界每天约有 200 吨垃圾倒进河流、湖泊和小溪，每升废水会污染 8 升淡水。所有流经亚洲城市的河流均被污染；美国 40% 的水资源流域被加工食品废料、金属、肥料和杀虫剂污染；欧洲 55 条河流中仅有 5 条河流的水质差强人意。20 世纪，世界人口增加了 2 倍，而人类用水总量增加了 5 倍。世界上许多国家正面临水资源危机：12 亿人用水短缺，30 亿人缺乏用水卫生设施，每年有 300 万~400 万人死于和水有关的疾病。到 2025 年，水危机将蔓延到 48 个国家，35 亿人为水所困。水资源危机带来的生态系统恶化和生物多样性破坏，也将严重威胁人类生存。水资源危机既阻碍世界可持续发展，也威胁世界和平。

　　水危机已经是全球性的事实，无数有识之士为此忧心忡忡。早在 1977 年联合国就召开"水会议"，向全世界发出严正警告：水不久将成为一个深刻的社会危机，继石油危机之后的下一个危机便是水。把水看成取之不尽、用之不竭的时代已经过去，把水当成宝贵资源的时代已经到来。1993 年 1 月 18 日，联合国大会通过决议，将每年的 3 月 22 日定为"世界水日"，用以开展广泛的宣传教育，提高公众对开发和保护水资源的认识。

非洲严重缺水

亚马孙热带雨林的悲剧

几百台拖拉机、推土机隆隆作响，难以计数的林木倒在地上，动物吓跑了，土地被推平。接着火焰四起，浓烟弥漫，鸟儿哀鸣，猴子号叫……这是南美亚马孙河流域热带森林被破坏的一个场景。据说，这里每天有上百万棵大树被毁掉。

亚马孙河是拉丁美洲人民的骄傲。它浩浩荡荡，千回百转，蜿蜒流经秘鲁、巴西、玻利维亚、厄瓜多尔、哥伦比亚和委内瑞拉等国，滋润着 800 万平方千米的广袤土地，孕育了世界最大的热带雨林，使亚马孙河流域成为世界上公认的最神秘的"生命王国"。亚马孙河的两岸密林莽莽，充沛的雨水、湿热的气候和长时间的强烈日照，给亚马孙河流域地区的植物生长提供了得天独厚的条件，使得这一地区成为世界最大的热带雨林区，森林面积为 3 亿公顷，占世界现存热带雨林的 1/3，其中 87% 在巴西境内。这里自然资源丰富，物种繁多，生态环境纷繁复杂，生物多样性保存完好，有"生物科学家的天堂"和"地球之肺"的美誉。

然而，亚马孙热带雨林却并没有因为它的富有而得到人类的厚爱，人们从 16 世纪起便开始开发森林，毫无节制的开发已对当地的自然环境造成了极大破坏。随着巴西本国经济的发展，大量移民拥入亚马孙雨林边缘地带。1970 年，巴西总统为了解决东北部的贫困问题，又作出了一个最可悲的决策：开发亚马孙地区。

为了向大自然要地要粮，人们使尽了各种手段和各种工具，夺林造田。随着公路和铁路干线的不断延伸，农民更易深入原始密林中砍烧垦殖。在垦荒过程中，人们把重型拖拉机开进森林，将树木砍倒，再放火焚烧。热带雨林的减少主要是由于烧荒耕作、过度采伐、过度放牧和森林火灾等，其中烧

亚马孙丛林

荒耕作是首要原因，占整个热带森林减少面积的 45%。热带雨林的减少不仅意味着森林资源的减少，而且意味着全球范围内的环境恶化。

如果亚马孙的森林被砍伐殆尽，地球上维持人类生存的氧气将减少 1/3。由于林区的生态环境非常脆弱，大多数养分并不在土壤里，而是储存于活着的植物中。森林烧光后，大部分养料就随风散去。在清理出来的土地上耕种，过一两季后，土壤不是耗尽肥力就是被雨水冲走，剩下的就是寸草不生的一片沙砾。跨国大企业则是看中当地丰富的铁、铜、铝土和其他矿产资源，不惜投入重金，大肆开采。

这一系列的行为使该地区每年约有 8 万平方千米的原始森林遭到破坏。1969～1975 年，巴西中西部和亚马孙地区的森林被毁掉了 11 万多平方千米，巴西的森林面积同 400 年前相比，整整减少了一半。

滥伐亚马孙的森林，并没有给巴西人带来更多的财富。他们只是填饱了肚子，带来的却是对大自然永远的创伤和难以弥补的伤害。森林的过度砍伐使得土壤侵蚀、土质沙化，水土流失严重。因为热带雨林像一个巨大的抽水机，从土壤中吸取大量的水分，再通过蒸腾作用，把水分散发到空气中。另外，森林土壤有良好的渗透性，能吸收和滞留大量的降水。亚马孙热带雨林贮蓄的淡水占地表淡水总量的 23%。森林的过度砍伐会使土壤侵蚀、土质沙化，引起水土流失。巴西东北部帕拉州、阿玛帕州的一些地区由于林木被砍伐，生态被破坏，而变成了巴西最干旱、最贫穷的地方。本来风调雨顺的地区，由于森林被砍伐，生态被破坏，成了天灾人祸不断的不祥之地。其他国家，也因为对亚马孙的破坏而受到了惩罚。在秘鲁，由于森林不断遭到破坏，1925～1980年间就爆发了4300次较大的泥石流，193次滑坡，直接死亡人数达4.6万人。目前，每年仍有0.3万平方千米土地的20厘米厚的表土被冲入大海。

除此之外，森林还是巨大的基因库，地球上约1000万个物种中，有200万～400万种都生存于热带、亚热带森林中。在亚马孙河流域的仅0.08平方千米的取样地块上，就可以得到4.2万个昆虫种类，亚马孙热带雨林中每平方千米不同种类的植物达1200多种，地球上动植物的1/5都生长在这里。然而，由于热带雨林的砍伐，那里每天都至少消失一个物种。有专家预测，随着热带雨林的减少，数年后，将有50万～80万种动植物物种灭绝。雨林基因库的丧失将成为人类最大的损失。

对此，巴西政府越来越清醒地认识到问题的严重性，先后制定了多项环保政策，采取多种措施加强对林区环境的保护与监测。巴西政府先后颁布了全国环境法和亚马孙地区生态保护法。在1988年所颁布的新宪法中，加入了

森林遭砍伐

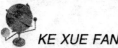

有关环境问题的条文，规定亚马孙地区是国家遗产，国家负责为该地区的持续发展寻求出路。同时出台了保护生态平衡的相关细则，提出了政府和公民在保护环境方面的权利与义务。巴西国家林业发展局也制定有关法律法规，对毁林烧荒给亚马孙森林造成严重灾害的个人或机构，将以破坏生态环境罪予以起诉，给予严厉的法律制裁和巨额罚款。与此同时，巴西政府加大了相关资金投入。1991~2002年，政府为保护亚马孙地区生态和自然资源，累计投资近1000亿美元。

牛群漫步在广阔碧绿的原野上，时不时能看到一些繁密的灌木丛，偶尔也会有一些光秃秃的树干直刺苍穹。这是现在亚马孙河流域东部的典型景象……

亚马孙——这片世界上最大的热带雨林，上苍赐予人类赖以生存的宝藏。它是美丽的，而如何保存它动人的光彩，则是留给人们的永恒思考。